AF267029

MINISTÈRE DU COMMERCE.

———

COMITÉ CONSULTATIF D'HYGIÈNE PUBLIQUE DE FRANCE.

RAPPORT

ET

PROJETS DE LOI ET RÈGLEMENTS

RELATIFS

À LA SALUBRITÉ ET À LA SÉCURITÉ DU TRAVAIL,

PRÉSENTÉS

PAR UNE COMMISSION

COMPOSÉE

DE MM. BROUARDEL, C. NICOLAS, DUBRISAY,
PAUL DUPRÉ, FAURE-DUJARRIC, PAUL GIRARD, GRIMAUX, JACQUOT
ET NAPIAS, *rapporteur*.

PARIS.

IMPRIMERIE NATIONALE.

———

M DCCC LXXXV.

MINISTÈRE DU COMMERCE.

COMITÉ CONSULTATIF D'HYGIÈNE PUBLIQUE DE FRANCE.

RAPPORT

ET

PROJETS DE LOI ET RÈGLEMENTS

RELATIFS

À LA SALUBRITÉ ET À LA SÉCURITÉ DU TRAVAIL,

PRÉSENTÉS

PAR UNE COMMISSION

COMPOSÉE

DE MM. BROUARDEL, C. NICOLAS, DUBRISAY,
PAUL DUPRÉ, FAURE-DUJARRIC, PAUL GIRARD, GRIMAUX, JACQUOT
ET NAPIAS, *rapporteur*.

Par une lettre en date du 5 mars 1884, M. le Ministre du commerce a demandé au Comité consultatif d'hygiène de préparer un projet de loi relatif à l'hygiène des manufactures, usines, mines, chantiers et ateliers.

Les termes de la lettre ministérielle nous avaient d'abord fait upposer qu'il s'agissait de préparer une loi complète d'hygiène industrielle, s'attachant à réglementer autant les conditions de la salubrité extérieure que celles de la salubrité intérieure, s'occupant enfin des questions d'hygiène soulevées par la durée du travail suivant les âges et suivant les sexes.

Mais il résulte des explications précises de M. le Directeur du ommerce intérieur que le Comité est seulement consulté sur es questions d'hygiène intérieure, c'est-à-dire sur les conditions de salubrité et de sécurité nécessaires à l'ouvrier dans les anufactures, mines, chantiers, ateliers, etc. C'est dans ces li- ites que la troisième commission s'est renfermée en étudiant et proposant les articles du projet de loi et des règlements d'administration publique annexés à ce rapport. La troisième commission a pensé d'ailleurs que, si elle devait borner là ses propositions de réglementation, elle pouvait en même temps, dans son rapport, jeter un coup d'œil d'ensemble sur quelques autres points d'hygiène industrielle qui sont étroitement liés à l'hygiène de l'ouvrier dans l'atelier.

Ce rapport se trouve ainsi divisé en trois parties :

Dans la première, on a fait le tableau de la législation en matière d'hygiène industrielle à l'étranger et en France ;

Dans la seconde partie, on s'est attaché à fournir les raisons justificatives du projet de loi et des projets de règlements proposés par la commission, puis on a indiqué les vues de cette commission relativement au recrutement des inspecteurs ;

Enfin, dans la troisième partie, la commission a dit son avis sur les questions d'hygiène industrielle relatives à l'âge et au sexe des travailleurs, ainsi qu'à le durée du travail journalier.

I.

La nécessité de l'intervention de la loi dans les questions d'hygiène industrielle n'est plus à démontrer. L'autorité n'a pas seulement le droit, elle a le devoir d'intervenir pour la protection de la santé et de la vie, et de restreindre en de certaines limites la liberté individuelle quand l'abus qu'on en peut faire devient attentatoire à la liberté et à la santé de la communauté.

Or les opérations industrielles comportent toujours des dangers graves pour la santé et pour la vie. L'attitude du corps pendant le travail, la disposition défectueuse, le cubage restreint des locaux, l'aération et la ventilation insuffisantes des ateliers, l'atmosphère qu'on y respire, les matériaux qu'on y met en œuvre, rendent encore vraie aujourd'hui cette phrase de Ramazzini dans la préface de son livre sur les maladies des artisans : « Il faut con-« venir que les métiers deviennent une source de maux pour ceux « qui les exercent, et que les malheureux artisans, trouvant les « maladies les plus graves là où ils espéraient puiser le soutien de « leur vie et celle de leur famille, meurent en maudissant leur in-« grate profession. » Dans un style plus sobre et plus précis, M. de Freycinet a dit : « La plupart des industries, on pourrait dire « toutes les industries, sont insalubres. »

Et si certaines usines et manufactures sont actuellement installées dans des conditions de salubrité voisines de la perfection, c'est encore le très petit nombre, c'est l'exception; et l'on ne saurait trouver là un prétexte pour s'opposer à une réglementation légale.

Sans doute la substitution de la machine à la main de l'homme dans beaucoup d'industries a contribué à l'assainissement. Tous les hygiénistes l'ont observé depuis Benoiton de Châteauneuf et Villermé; mais c'est dans une mesure qui n'est pas égale et qui est toujours insuffisante. D'ailleurs, les conditions du travail mécanique ont créé des dangers nouveaux; ce que la salubrité du travail a souvent gagné à l'emploi des machines a été en partie perdu par l'insécurité qui résulte des mécanismes; et cela d'autant plus que, si au temps où le travail était exclusivement manuel l'industrie n'attachait de prix qu'à la force, l'emploi des machines a permis d'introduire dans l'atelier, les faibles, les femmes, les enfants; et que ces derniers surtout se trouvent exposés à cause de l'imprudence et de l'étourderie de leur âge.

La nécessité s'impose de réglementer les conditions de sécurité en même temps que les conditions de salubrité du travail industriel. «Quand il s'agit des forces vives de la nation, disait un jour «à la Chambre M. le député Richard Waddington, c'est pour «le législateur non seulement un droit, mais un devoir d'inter«venir *et de prendre, aux dépens, s'il le faut, d'intérêts particuliers, les* «*dispositions exigées par l'intérêt général* [1].»

Ce n'est pas seulement une question d'humanité qui doit guider l'autorité dans cette voie, c'est aussi une question d'intérêt bien entendu; la vie humaine est une grosse valeur qui doit compter pour quelque chose dans la richesse d'un pays, et dont il est sage de se montrer économe. Ajoutons que les conditions hygiéniques ont une part à réclamer dans les questions de morale; les Anglais l'avaient ainsi compris quand, en 1802, Sir Robert Peel fit accepter la première loi relative à l'hygiène industrielle et qu'on l'appela : Loi de morale et de santé (Moral and Health Act); et que ce n'est pas sans raison que, chez nous, Cadet-Gassicourt

[1] Déjà en 1848, répondant à une demande de M. le Ministre du commerce, la Chambre de commerce de Rouen disait que «le travail dans les manufactures doit être sagement réglementé dans l'intérêt de l'humanité, que protection est due à l'ouvrier contre les abus de la liberté illimitée et que l'abaissement de la valeur des produits ne doit jamais être obtenu aux dépens de la santé des travailleurs». Elle ajoutait aussi : «Il est du devoir d'un gouvernement vraiment populaire de mettre d'invincibles obstacles à cet immoral mode de concurrence.»

concluait, il y a un demi siècle, d'après un travail statistique présenté par lui à la Société d'émulation, que « la moralité des artisans est ordinairement en raison de l'instruction que chaque état suppose, du bénéfice qu'il donne, et de la salubrité des manipulations ».

Ces trois termes des conditions morales de la classe ouvrière : *instruction, salaire, hygiène professionnelle*, sont également dignes de fixer l'attention de l'État.

Déjà des sacrifices considérables ont été faits par la République pour répandre l'instruction ; et la loi a rendu obligatoire l'instruction primaire. La liberté permet à l'ouvrier de régler lui-même les questions relatives au salaire. Seules les conditions de l'hygiène du travail ont insuffisamment attiré jusqu'ici l'attention du législateur.

Pourtant quelques efforts ont été faits ; mais, avant de les rappeler, exposons sommairement les dispositions prises dans les différents pays pour assurer la salubrité et la sécurité du travail.

Angleterre. — On peut dire que c'est en Angleterre que les conditions d'hygiène industrielle ont été le plus réglementées. Depuis le *Moral and Health Act* de 1802, qui porte communément le nom de *Sir Robert Peel's Act*, jusqu'au *Factory Act* de 1878, une quantité vraiment considérable de lois ont été tour à tour édictées et abrogées ; — lois de détail dont les prescriptions visaient souvent une seule industrie : fabriques de dentelles, mines, filatures de coton, imprimeries, boulangeries, fabriques d'alcali, etc. ; lois parcellaires qu'on a de temps à autre tenté de réunir en une loi générale sur l'industrie, un *Factory Act* [1], et qui sont à présent

---

[1] Voici les principaux *Acts* anglais relatifs à l'industrie depuis 1802 :

1802. Moral and Health Act. (Sir Robert Peel's Act.)	1860. Coal and Iron Mines Act.
1819. Cotton Mill's Act.	1861. Lace Manufactories Act.
1825. Sir John Hobhouse's Act.	1862. Petroleum Act.
1831. Factory Act of 1831.	1863. Bakehouse Act.
1833. Factory Act of 1833.	1864. Alcali Act.
1842. Mining Act.	1867. Factory Extension Act.
1844. Factory Act of 1844.	1867. Workshops Regulation Act.
1845. Print Works Act.	1867. Factory and Workshops Act.
1847. Ten Hours Act.	1871. Factory and Workshops Act.
1853. Act regulating the children working day.	1871. Petroleum Act.
	1872. Coal Mines Regulation Act.
	1873. Agriculture Children Act.
1854. Smoke Nuisance Abatement Act.	1874. Alkali nuisances Prevention Act.
1855. Nuisance Removal Act.	1878. Factory and Workshops Act.
1860. Bleachworks Act.	

sans compter les dispositions applicables à l'assainissement des ateliers qui peuvent se

abrogées ou rendues inutiles pour la plupart par les dispositions du *Factory and Workshops Act* de 1878.

Le *Factory and Workshops Act* de 1878 s'occupe, à la fois, de la salubrité, de la sécurité, du travail des enfants et des femmes. On a compris en Angleterre que ces questions sont étroitement unies et qu'elles doivent être soumises au contrôle d'un seul service d'inspection compétent en matière de salubrité.

AUTRICHE-HONGRIE. — L'Autriche avait jusqu'à ces derniers temps une loi sur les métiers (1872), une loi sur le travail des enfants (1869). De plus la loi d'hygiène publique de 1876 armait l'autorité par son article 15 pour tous les cas ne tombant pas sous le coup de la loi des métiers de 1872[1]. Enfin un certain nombre de lois partielles sur les machines (1870), sur la fabrication des allumettes (1869), sur le nitrobenzol (1874), sur le traitement des ouvriers malades (1879), etc., complétaient la législation en matière d'hygiène industrielle.

Depuis le 15 mars 1883 il existe en Autriche une loi organique sur l'industrie, qui a modifié la loi du 20 décembre 1859; et depuis le 17 juin 1883, une autre loi a créé un service d'inspection chargé de la faire exécuter, c'est-à-dire de veiller : 1° à la protection de la vie et de la santé des ouvriers, 2° à la durée journalière et aux interruptions périodiques du travail; 3° de s'occuper de l'exécution des règlements, des salaires, de l'emploi des travailleurs; 4° de l'éducation industrielle des apprentis[2].

ALLEMAGNE. — En Allemagne les questions d'hygiène industrielle sont réglées par la loi de 1869 sur les métiers, modifiée par la loi du 17 juillet 1878. Cette loi s'occupe à la fois de la salubrité extérieure et des conditions de la création et de l'installation

---

trouver dans le *Public Health Act* de 1875 (articles 112, 113, 114, 115) et sans parler d'une foule de réglementations visant les tailleurs, les cordonniers et les fabriques de gants et de chapeaux; les fabriques de machines, les verreries, les papeteries, etc., lois partielles fondues de temps à autre dans une loi générale, et actuellement dans le *Factory Act* de 1878.

[1] *Loi du 3 avril 1876, art. 15.* — L'autorité veille à ce que les entreprises industrielles n'exercent aucune action fâcheuse sur la santé publique.

Elle fait en outre des prescriptions pour supprimer et empêcher les influences nuisibles et dangereuses pour la santé publique provenant des industries et des professions qui ne tombent pas sous le coup de la loi sur les métiers de 1872.

[2] La loi de 1859, amendée par la loi du 15 mars 1883, s'occupe des rapports entre le patron et l'ouvrier, de l'organisation des assurances, des caisses de secours, du travail des enfants, etc. Nous aurons à en citer divers extraits et nous aurons à donner plus loin exactement le texte de la loi du 17 juin 1883.

des établissements industriels, de la salubrité intérieure [1]; du travail des enfants; et, comme cette loi est applicable à tout l'Empire, les anciennes lois sur le travail des enfants antérieurement appliquées en Bavière, à Bade, en Saxe, sont à présent abrogées.

BELGIQUE. — En Belgique, l'arrêté du 29 janvier 1863 s'occupe surtout de la salubrité extérieure, des conditions d'installation et de la division en trois classes des industries réputées insalubres ou incommodes. C'est une reproduction presque complète de notre décret du 15 octobre 1810. Toutefois une disposition s'y trouve introduite, qui vise la salubrité intérieure et les mesures d'hygiène concernant les ouvriers [2]. La Belgique n'a pas réglementé le travail des enfants; seul le travail des enfants dans les mines se trouve réglé par l'article 29 du décret du 3 janvier 1813, qui a eu longtemps force de loi en France et qui fixe à 10 ans le minimum d'âge d'admission au travail souterrain.

DANEMARK. — Une loi du 10 mars 1852 s'occupe surtout de la salubrité extérieure, des conditions d'emplacement des manufactures et ateliers insalubres. Il ne semble pas que le législateur ait songé à la salubrité intérieure; il est possible que l'autorité ne soit pas complètement désarmée cependant, grâce à une disposition de l'article 5 qui dit que *les industriels seront en outre tenus absolument de se soumettre aux prescriptions que la police de santé jugera nécessaires.*

Le Danemark a une loi spéciale sur le travail des enfants (Loi du 23 mai 1873); elle comprend un certain nombre de prescriptions relatives à la salubrité et à la sécurité, mais elle ne s'applique qu'aux ateliers où l'on emploie les enfants.

[1] *Loi du 17 juillet 1878, art. 16.* — Pour la création d'établissements qui, par leur situation locale ou par des ateliers, fabriques, etc., peuvent amener, pour les propriétaires ou habitants des terres voisines ou pour le public en général, des préjudices, des dangers ou des incommodités, il faut en demander l'autorisation aux autorités compétentes en vertu des lois régionales.....

Art. 18. L'autorité doit examiner si l'établissement peut amener pour le public de grands dangers, préjudices ou inconvénients. C'est après cet examen, qui s'étendra en même temps à l'observation des prescriptions en vigueur concernant la police des bâtiments, des feux et de la salubrité publique, que l'autorisation sera refusée ou accordée, après fixation des conditions jugées nécessaires. Au nombre de ces conditions sont les prescriptions nécessaires pour la protection des ouvriers contre les dangers qui menacent leur santé et leur vie.

[2] *Arrêté royal du 29 janvier 1863, art. 6.* — Les autorisations sont subordonnées aux réserves et conditions qui sont jugées nécessaires dans l'intérêt de la sûreté, de la salubrité et de la commodité publique, ainsi que dans l'intérêt des ouvriers attachés à l'établissement.

Espagne. — En Espagne, c'est dans la loi sur le travail des enfants (24 juillet 1873), que nous trouvons indiqué, incidemment, à l'article 9, que les établissements industriels insalubres ne doivent être construits qu'après autorisation et approbation des précautions indispensables d'hygiène et de sécurité pour les ouvriers [1].

Hollande. — En Hollande, il existe une loi sur le travail des enfants (19 septembre 1874), qui ne fait que fixer l'âge d'admission au travail industriel sans faire aucune prescription relative à la salubrité ni à la sécurité.

Italie. — En Italie, les prescriptions particulières de l'hygiène industrielle sont laissées à l'initiative des députations provinciales. Ces prescriptions visent surtout la salubrité intérieure [2].

Depuis le 21 juin 1880, le Ministre de l'agriculture et du commerce et le Ministre de l'intérieur ont proposé une loi sur le travail des enfants et des femmes, qui est restée à l'état de projet.

Portugal. — Une loi du 21 octobre 1863, qui est l'analogue de notre décret du 15 octobre 1810, vise seulement la salubrité extérieure, et ne fait pas mention de la salubrité extérieure ni de l'hygiène des ouvriers. Pourtant, nous voyons dans la loi portugaise du 3 décembre 1868 sur l'organisation générale de l'hygiène publique, que la junte sanitaire donne son avis *sur la police sanitaire des établissements industriels insalubres, incommodes et dangereux et sur l'hygiène des ouvriers qui y sont employés* [3].

Roumanie. — En Roumanie, nous ne trouvons, dans la loi sur l'organisation du service sanitaire (8 juin 1874), que des préoccupations relatives à la salubrité intérieure, qui se manifestent par une classification des établissements industriels comme dans notre loi de 1810 [4].

---

[1] Le projet de loi sur la santé publique déposé aux Cortés espagnols, le 20 mars 1882, par le Ministre de l'intérieur, et dont nous trouvons une traduction dans l'*Étude sur l'administration sanitaire civile à l'étranger et en France*, du Dr A.-J. Martin, se contente de dire :

Art. 116. *Les établissements d'industries insalubres devront être convenablement situés hors des lieux les plus habités, dans la partie exposée aux vents régnants et suffisamment isolés, toujours après avoir informé les juntes sanitaires des conditions d'emplacement et des autres circonstances.*

[2] Voir par exemple les articles 20, 21, 22 du Règlement sanitaire de Turin.

[3] *Voir A.-J. Martin, Loc. cit.*

[4] Art. 108. — Les établissements industriels sont rangés en trois classes : ceux de 1re classe peuvent s'installer dans l'intérieur des villes ou des communes; ceux de

Russie. — D'après une note communiquée à MM. les docteurs Gubler et Napias, pour leur rapport au Congrès d'hygiène de Paris en 1878, par M. le Comte de Suzor, architecte de la ville de Saint-Pétersbourg, voici quelle serait la situation en Russie.

Il n'y a point en Russie de règlements spéciaux indiquant les mesures à prendre pour prévenir, dans les usines et les fabriques, les mauvaises influences de l'air vicié et des exhalations malsaines sur la santé des ouvriers. Mais la législation russe, et principalement le code médical et le code des constructions, donnent à l'autorité locale (administration municipale ou gouvernementale, service médical, police, etc.) le droit d'exiger que la construction, l'installation et l'exploitation des fabriques, usines, etc. se fassent dans des conditions qui puissent entièrement satisfaire aux exigences de l'hygiène; ce qui équivaut, autant que possible, aux règlements spéciaux qui existent dans d'autres pays.

C'est dans le but indiqué ci-dessus que les mesures suivantes ont été prescrites :

1° Une commission officielle, composée de l'architecte ou de l'ingénieur de la ville ou de l'arrondissement, d'un médecin, d'un conseiller municipal, du commissaire de police ou d'un membre du conseil des manufactures, examineront l'emplacement sur lequel doit être élevée l'usine ou la fabrique. La commission dresse procès-verbal de son examen et consigne les mesures qu'elle trouve utiles ou nécessaires, tant pour prévenir les réclamations des habitants du voisinage que pour sauvegarder la santé des ouvriers.

2° Les plans détaillés de l'édifice à construire sont soumis à l'examen du comité technique, municipal ou gouvernemental (municipal dans les villes, gouvernemental dans les provinces).

C'est à ce comité qu'incombe, d'après le code des constructions, le droit et même l'obligation de faire subir à un projet soumis à son examen et à son approbation tous les changements qu'il trouve nécessaires, tant pour répondre aux exigences de la stabilité, de la solidité et de l'hygiène, que pour prévenir les dangers d'incendie, tout en se conformant aux besoins de la fabrication et de l'exploitation; de plus le comité porte une attention toute spéciale sur les moyens projetés pour la ventilation.

3° Après l'achèvement de la construction de l'usine ou de la

2° classe ne peuvent le faire qu'aux abords de ces agglomérations; ceux de 3° classe doivent rester à 1 kilomètre au moins des villes et à 1 demi-kilomètre des agglomérations des communes rurales.

fabrique, une commission spéciale, à l'instar de celle qui fait l'examen préliminaire de l'emplacement, doit se livrer à une inspection détaillée de l'édifice pour vérifier si la construction est en tous points conforme au projet approuvé, et si tous les aménagements pour une bonne ventilation ont été effectués; si les machines sont disposées de manière à éviter les accidents et sont isolées par des grillages ou garde-fous du côté du passage des ouvriers; cette commission dresse un procès-verbal de son examen, et est en droit d'exiger les améliorations qu'elle trouve encore utile d'appliquer. Ce procès-verbal est d'une grande importance, car il doit constater le bon ou le mauvais aménagement de l'usine ou de la fabrique, et fournit à l'autorité locale des motifs rationnels pour permettre l'exploitation ou pour la défendre.

L'autorité locale a, en outre, le droit d'exiger, dans les fabriques et usines déjà existantes, les installations et aménagements qui lui paraissent propres à améliorer les conditions d'hygiène et de salubrité publiques.

De plus, pour prévenir les accidents en cas d'incendie et pour faciliter la prompte évacuation des ateliers par les ouvriers, tout atelier dont la longueur dépasse 8 sagènes (15 mètres) doit avoir deux sorties ou deux escaliers incombustibles.

Dans le cas où il y a dans les usines ou fabriques des logements d'ouvriers, la commission fixe pour chaque cas, selon les conditions locales, les dimensions et le système de chauffage et de ventilation, le nombre maximum d'ouvriers qui doivent habiter une seule chambre.

En ce qui concerne le préjudice ou le dommage auquel le voisinage pourrait être exposé, toutes les usines et fabriques sont divisées en trois classes et éloignées plus ou moins des habitations. Le conseil des manufactures a cependant le droit d'admettre des exceptions, mais seulement en faveur des fabriques établies dans des conditions de perfectionnement qui annihilent entièrement les émanations dangereuses.

Il ressort de là que, quoiqu'il n'y ait pas encore de loi spéciale en Russie, l'administration se montre vigilante et se trouve sérieusement armée pour toutes les questions d'hygiène industrielle.

Serbie. — En Serbie, la loi sanitaire si bien faite et si complète du 30 mars 1881 permet au Conseil sanitaire de prescrire «les règlements sanitaires obligatoires en vertu desquels les métiers et industries pourront être autorisés, et la santé des ouvriers préservée des conséquences du métier même ».

Suède. — La loi sur la salubrité du royaume de Suède, du 25 septembre 1874, contient un certain nombre de prescriptions relatives à la salubrité extérieure, aux conditions d'installation, d'éloignement, de construction des usines et manufactures (art. 16 à 22).

L'hygiène intérieure n'est pas oubliée et le paragraphe 4 de l'article 16 spécifie qu'il doit être pris des précautions pour la santé des travailleurs [1].

La Suède a une loi spéciale sur le travail des enfants.

Suisse. — La Suisse a réglementé par une loi unique (Loi fédérale du 23 mars 1877) les conditions de l'hygiène industrielle : salubrité intérieure, salubrité extérieure, durée du travail des adultes, prescriptions relatives au travail des femmes et des enfants.

Antérieurement à cette loi si complète, il y avait des lois sur l'industrie dans un certain nombre de cantons (Zurich, Glaris, Saint-Gall, Argovie, Thurgovie). Le canton de Lover-Unterwalden avait édicté une loi spéciale sur les fabriques d'allumettes. Dans beaucoup de cantons (Grisons, Berne, Schaffouse, Schwyz, Bâle), on avait au moins fixé dans les lois scolaires un minimum d'admission des enfants au travail industriel.

Ce rapide coup d'œil jeté sur la législation étrangère, en matière d'hygiène industrielle, permet de constater d'abord que toutes les nations se sont montrées soucieuses d'assurer une réglementation ; et presque toutes l'ont étendue à la salubrité intérieure en même temps qu'à la salubrité extérieure, à l'hygiène de l'ouvrier, à la sécurité du travail, aux conditions particulières du travail des femmes et des enfants. Mais si certains pays ont encore sur chacun de ces points des lois spéciales, nous pouvons constater que dans les pays qui sont aujourd'hui nos plus heureux rivaux au point de vue de l'industrie : en Angleterre, en Suisse, en Allemagne, en Autriche, on a réuni en une loi unique les dispositions réglementaires relatives aux diverses questions d'hygiène industrielle ; et il n'est pas

---

[1] 4° Le Comité veillera à ce que les conditions d'hygiène pour les *travailleurs*, les voisins de fabrique et autres ne soient pas défectueuses. Lorsqu'il y a des inconvénients, il prendra les précautions convenables pour les faire disparaître ; si ces inconvénients sont graves et si l'on ne tient pas compte de ses prescriptions, il pourra suspendre l'industrie ou la fabrication.

douteux qu'on n'ait assuré ainsi une application plus rigoureuse, plus intelligente, plus conforme au progrès, des dispositions de la législation et des vues des législateurs.

Rappelons à présent ce qui existe en France.

Actuellement, en France, la législation relative à l'hygiène industrielle est représentée par trois séries de documents :

1° Le décret-loi du 15 octobre 1810, complété par l'ordonnance réglementaire du 14 janvier 1815 et par une série de décrets et d'ordonnances plus récents;

2° La loi du 9 septembre 1848, complétée par le décret du 17 mai 1851, par celui du 31 janvier 1866, et enfin par la loi du 16 février 1883;

3° La loi du 19 mai 1874 et les règlements d'administration publique qui s'y réfèrent.

Le décret du 15 octobre 1810 s'est occupé uniquement des dangers, des incommodités ou des dommages qui pourraient résulter de la part des établissements industriels pour les voisins ou les cultures.

Ce n'était pas certainement la première mesure de ce genre que prenait l'administration française. Un règlement général applicable à la police de Paris et des autres villes du royaume, daté de 1567, prescrivait l'éloignement de certaines industries qui, comme celles des chiffonniers, des équarrisseurs, des tanneurs, n'avaient plus licence de s'exercer à l'intérieur des villes; Tardieu cite même une sentence du Châtelet, du 4 novembre 1486, qui ordonna la suppression d'une fabrique de poterie sur les réclamations du voisinage. Mais on peut dire que c'est en 1806 d'abord qu'un préfet de police essaya de condenser les règles éparses de la jurisprudence, et que c'est seulement en 1810, qu'après avoir pris l'avis de l'Institut, le Ministre de l'intérieur fit rendre le décret impérial du 15 octobre. Il s'établit ainsi une législation sage et précise qui, malgré ses imperfections, restera comme un modèle de conception et de prévoyance, et qui est digne des hommes illustres qui furent ses parrains à l'Institut: Guyton de Morveau, Chaptal, G. Cuvier.

Ce décret a malheureusement oublié de s'intéresser aux habitants de l'usine ou de la manufacture elle-même, au travailleur de l'atelier. Il n'en fait nulle mention. Et bien qu'on eût pu dire que c'était là seulement un oubli de rédaction; que cette protection de l'ouvrier devait être dans la pensée du législateur et que la preuve s'en trouvait dans le premier tableau de classification des industries, qui rangeait la céruse dans la 3e classe avec cette mention : *quelques émanations nuisibles seulement pour la santé des ouvriers*, il n'y a, en fait, aucune phrase du décret qui puisse être interprétée dans ce sens; c'est au moins la doctrine du Comité consultatif des arts et manufactures [1].

La loi du 9 septembre 1848 ne s'occupe que de régler la durée journalière du travail et de fixer un maximum de 12 heures de travail effectif. Elle ne vise aucune autre condition d'hygiène industrielle; et comme elle ne s'applique qu'aux usines et manufactures, comme elle laisse absolument en dehors de sa sphère d'action les ateliers, comme elle ne parle ni des chantiers ni des mines, comme elle est compliquée des décrets très restrictifs du 17 mai 1851 et du 31 janvier 1866, les services qu'elle peut rendre sont très bornés; peut être même, malgré la loi du 16 février 1883 qui charge les commissions locales et les inspecteurs du travail des enfants d'en faire appliquer les dispositions restreintes, la loi de septembre 1848 ne peut-elle pas être sérieusement appliquée.

[1] Voici un exemple récent de la regrettable impuissance où se trouve laissée l'Administration en l'absence d'une loi protectrice de la santé du travailleur : à la date du 7 mai 1884, M. le Ministre du commerce écrivait au président du Comité consultatif : «Des cas de nécrose phosphorée ayant été constatés dans une fabrique d'allumettes chimiques qui existe à El-Biar, près Alger, le Conseil d'hygiène du département a délégué un de ses membres, le docteur Bertherand, pour visiter cet établissement. Sa mission terminée, ce praticien a soumis au Conseil différentes propositions dont l'une, qui tendrait à ne laisser admettre dans la fabrique aucun ouvrier présentant une carie pénétrante dentaire, a paru à quelques membres attentatoire à la liberté du travail. . . . . »

«La condition qui a soulevé des objections dans le sein du Conseil d'hygiène et de salubrité d'Alger ne saurait en effet, dans l'état actuel de la législation, être imposée à des industriels, et c'est dans ce sens que je viens de répondre à M. le Gouverneur général de l'Algérie.»

M. le Ministre était, en effet, dans l'impossibilité de faire exécuter les prescriptions d'ailleurs si sages du Conseil de salubrité d'Alger.

Dans un pays qui tient autant que tout autre à la liberté du travail, en Suisse, un canton n'a pas hésité à réglementer étroitement la fabrication des allumettes. Le canton de Lower-Unterwalden, par une loi sur les fabriques d'allumettes, a réglé les conditions de ventilation des ateliers et de manipulation des matières :

«Aucune personne de moins de 18 ans ne peut être employée dans ces fabriques, et un ouvrier qui se fait extraire une dent ne peut rentrer que quinze jours après l'opération. Le travail est interdit à tous jeunes gens ou jeunes filles atteints d'affections scrofuleuses ou ayant des dents cariées. Tous les trois mois, au frais du propriétaire, un médecin examine l'état de santé des ouvriers.» (Traduit de l'ouvrage de Ernst, Edler von Plener; appendice n° IX.)

La loi du 19 mai 1874 est une bonne loi qui pouvait être considérée à la fois, avant l'instruction primaire obligatoire, comme une loi scolaire préparatoire qui a rendu de ce chef de très grands services, et comme une loi d'hygiène industrielle. C'est la seule loi qui prescrive chez nous des mesures pour assurer la salubrité et la sécurité du travail (art. 13 et 14); mais comme elle ne s'applique qu'aux locaux où des enfants sont employés, l'industriel dont les ateliers sont insalubres, dont les machines et engrenages ne sont pas couverts, peut, s'il est réprimandé ou menacé d'un procès-verbal par l'inspection, se mettre en règle en renvoyant les enfants qu'il occupait. Cette manière d'assainir les ateliers et d'y assurer la sécurité en jetant les enfants sur le pavé n'est pas seulement paradoxale, elle est profondément immorale et singulièrement en désaccord avec l'esprit d'une loi qui prétend assurer la protection de l'enfance industrielle.

En somme, ni le décret-loi du 15 octobre 1810, ni la loi du 9 septembre 1848, ni la loi du 19 mai 1874 ne peuvent permettre d'imposer dans les usines, manufactures, ateliers, chantiers, mines, etc., la salubrité et la sécurité de travail.

Si la dernière de ces lois prescrit en effet des mesures de protection de ce genre, elle les restreint aux cas où l'on emploie des enfants, et par cette restriction même elle va contre le but qu'elle se propose. Il y a là une lacune à combler; c'est ainsi que l'a compris M. le Ministre en demandant au Comité consultatif d'hygiène les éléments d'une loi sur l'hygiène industrielle.

C'est ici qu'il convient de rappeler les propositions déjà faites pour remédier à l'insuffisance de notre législation.

Le 11 novembre 1882, MM. Félix Faure et Martin Nadaud faisaient une *Proposition de loi* concernant l'hygiène et la sécurité du travail dans les manufactures, usines, mines, chantiers et ateliers. En voici les principaux articles :

ARTICLE PREMIER. Les manufactures, fabriques, usines, mines, chantiers et ateliers sont soumis, en tout ce qui concerne leur salubrité et la sécurité des personnes qui y sont employées, à la surveillance des agents désignés par la présente loi.

ART. 2. Un règlement d'administration publique déterminera, dans les trois mois qui suivront la promulgation de la présente loi :

1° Les prescriptions applicables à tous les établissements industriels, relativement à la ventilation, à l'éclairage et à l'hygiène générale des ateliers;

2° Les prescriptions particulières aux usines à moteurs mécaniques, en tout ce qui concerne les précautions à prendre pour prévenir les accidents.

ART. 3. Les établissements reconnus dangereux ou insalubres, soit à cause des substances qui y sont employées, soit à cause des émanations qui s'y produisent, soit par la nature même du travail qui s'y pratique, seront l'objet de règlements spéciaux, rendus sur l'avis du Comité consultatif d'hygiène publique de France et du Comité consultatif des arts et manufactures.

ART. 5. Pour assurer l'exécution de la présente loi, il sera créé un corps d'inspecteurs des fabriques, qui sera chargé également des attributions confiées par la loi du 19 mai 1874 aux inspecteurs du travail des enfants et filles mineures dans les manufactures.

Un règlement d'administration publique déterminera les conditions dans lesquelles sera constitué le corps des inspecteurs de fabriques.

On remarquera que les auteurs du projet font intervenir à la fois, dans les questions d'hygiène industrielle, le Comité des arts et manufactures et le Comité consultatif d'hygiène. Rien ne nous semble plus juste, puisque, dans toute mesure restrictive applicable à la protection de l'ouvrier, il importe d'envisager à la fois les questions d'insalubrité qui sont de la compétence du Comité consultatif d'hygiène, et les difficultés techniques ou les nécessités industrielles qui sont de la compétencce du Comité consultatif des arts et manufactures. C'est à la conciliation de ces deux ordres d'intérêts que tend le projet de MM. Félix Faure et Martin Nadaud.

On verra plus loin que nous nous sommes efforcés aussi de concilier ces intérêts également respectables dans le projet de loi annexé à ce rapport.

Cette année même, le 10 mars 1884, M. Richard Waddington, rapporteur d'une commission parlementaire présidée par M. Martin Nadaud, terminait son remarquable rapport par une proposition de loi dont voici les articles principaux :

ARTICLE PREMIER. Le travail effectif de l'ouvrier dans les manufactures et usines ne pourra pas excéder dix heures par jour, ni six jours par semaine.

ART. 2. Le travail de nuit, dans les établissements visés par l'article 1ᵉʳ, est interdit aux femmes.

Tout travail entre huit heures du soir et cinq heures du matin est considéré comme travail de nuit.

Toutefois, en cas de chômage résultant d'une interruption accidentelle et de force majeure, l'interdiction ci-dessus pourra être temporairement levée et pour un délai déterminé par la Commission locale ou l'Inspecteur institué par la loi du 19 mai 1874.

ART. 3. Des règlements d'administration publique détermineront les exceptions qu'il sera nécessaire d'apporter aux dispositions contenues dans les articles 1 et 2, à raison de la nature des industries ou des causes de force majeure.

Art. 5. Les dispositions exigées par l'article 14 de la loi du 19 mai 1874 sont applicables à toutes les usines et manufactures sans distinction.

Art. 6. Les Commissions locales et les inspecteurs du travail des enfants dans les manufactures institués par la loi de 1874 sont chargés de surveiller l'application de la présente loi.

Ce qui nous intéresse tout particulièrement ici, c'est-à-dire la salubrité et la sécurité du travail, se trouverait réglé, d'après le projet de M. Waddington, par l'article 14 de la loi sur le travail des enfants, qui est ainsi conçu :

Art. 14. Les ateliers doivent être tenus dans un état constant de propreté et convenablement ventilés.

Ils doivent présenter toutes les conditions de sécurité et de salubrité nécessaires à la santé des enfants.

Dans les usines à moteurs mécaniques, les roues, les courroies, les engrenages ou tout autre appareil, dans le cas où il aura été constaté qu'ils présentent une cause de danger, seront séparés des ouvriers de telle manière que l'approche n'en soit possible que pour les besoins du service.

Les puits, trappes et ouvertures de descente doivent être clôturés.

Cet article serait dorénavant applicable à toutes les *usines* et *manufactures*, qu'on y emploie ou non des enfants. Ce serait un progrès réel, bien que restreint encore, puisque, en s'en tenant à la lettre, ce projet laisse de côté les mines, les chantiers et les petits ateliers.

Il est intéressant de remarquer que le projet de MM. Félix Faure et Martin Nadaud parle d'organiser un corps d'inspecteurs des fabriques et de lui confier l'inspection du travail des enfants, tandis que M. Waddington propose de confier aux inspecteurs du travail des enfants l'inspection hygiénique des usines et manufactures. Il ne serait pas indifférent d'adopter l'une ou l'autre formule parce que le recrutement ne saurait être le même dans les deux cas, et que si l'on venait à créer de nouvelles places d'inspecteur du travail des enfants dans les conditions actuelles de recrutement, on se trouverait, au moment où une loi d'hygiène industrielle serait promulguée, en présence d'un corps de fonctionnaires insuffisamment préparés à leurs nouveaux devoirs.

Remarquons enfin que tandis que le projet de MM. Félix Faure et Martin Nadaud fait appel aux conseils et au contrôle du Comité consultatif des arts et manufactures et du Comité consultatif d'hygiène, le projet de M. Richard Waddington, meilleur à d'autres égards, ne s'adresse qu'aux commissions locales établies

par la loi du 19 mai 1874 et dont le zèle très réel n'implique pas
une compétence suffisante en matière d'hygiène.

Quoi qu'il en soit, on voit par ce que nous venons de dire que
plusieurs fois dans le Parlement on s'est préoccupé de la nécessité
de combler une lacune de notre législation en matière d'hygiène
industrielle. La commission en trouvait la preuve dans les importants rapports de MM. Félix Faure, Martin Nadaud et Waddington; et elle y puisait de précieux renseignements pour son
travail.

II

La lacune de la législation qu'il s'agit aujourd'hui de combler
comprend à la fois la salubrité et la sécurité de l'atelier.

Cela constitue tout naturellement deux titres distincts.

C'est ce qu'indique nettement l'article 1er du projet de loi éla-
boré par la commission.

L'article 2 établit un corps spécial d'inspecteurs du travail industriel.

L'article 3 décide que le Comité consultatif d'hygiène publique
de France préside, sous l'autorité du Ministre et avec le concours
du Comité consultatif des arts et manufactures, à l'uniformité de
l'application de la loi. C'est là une disposition dont on comprend
la nécessité. S'il est en effet légitime que le Comité consultatif
d'hygiène préside à l'application de mesures essentiellement hygiéniques et qui sont, par définition même, de sa compétence; si
c'est là un premier pas fait dans la voie désirable de la centralisa-
tion des services sanitaires, le Comité ne saurait ni ne voudrait se
passer des lumières du Comité des arts et manufactures, auquel il
désire, au contraire, qu'il soit fait appel pour s'éclairer sur certaines difficultés techniques qui pourraient rendre difficile l'application immédiate de mesures hygiéniques d'ailleurs justifiées, ou
sur l'opportunité de sursis et de tempéraments réclamés par les
conditions économiques permanentes ou passagères de telle ou
telle branche de l'industrie.

Les articles 4, 5, 6, 7, 8 du projet de loi ci-annexé forment
le titre II et s'occupent des pénalités. On s'est inspiré ici des articles similaires de la loi du 19 mai 1874 sur le travail des enfants. On avait tout d'abord pensé à donner à ces amendes une
attribution définie et à en faire bénéficier les sociétés de secours
mutuels et les bureaux de bienfaisance, mais on a, après discus-

sion, pensé qu'il convenait de réserver la question, qui se trouverait aisément résolue si, comme on paraît décidé à le faire, on organisait une assurance obligatoire pour les travailleurs, en votant une loi analogue dans son principe à la loi allemande du 15 juin 1883.

Nous aurions bien voulu, pour des contraventions si variables, introduire dans un article spécial une sorte d'échelle des peines. Nous n'avons pas cru que cela fût possible au début. Plus tard, éclairé par l'expérience, le législateur pourra, et quand il le pourra il le devra, donner plus d'extension et de précision à cette partie de la loi, de manière à diminuer l'arbitraire du juge.

La raison exige qu'il soit tenu compte dans une loi nouvelle, telle que celle-ci, de la nécessité pour l'industrie de modifier gravement, dans beaucoup de cas, ses installations actuelles. Sans rien abandonner du principe supérieur de protection de la vie humaine, nous avons pensé qu'il conviendrait, dans des dispositions transitoires qui constituent le titre III et l'article 9 du projet de loi, de fixer une période de tolérance et de donner au Ministre le droit d'accorder des sursis dont la durée sera variable suivant les espèces. Comme ces sursis ne seront accordés qu'après avoir entendu le Comité consultatif d'hygiène, et comme celui-ci sera éclairé sur les difficultés techniques par le préavis du Comité des arts et manufactures, on peut être assuré de trouver dans cette disposition transitoire, et dans celles qu'on jugerait utile d'admettre par décret, une garantie pour le travailleur, pour l'industrie, et aussi pour l'Administration.

On remarquera que nous n'avons pas voulu donner à l'article 1er de la loi, qui vise les conditions de salubrité et de sécurité, des développements trop étendus. Il suffit que des principes soient nettement formulés; qu'une loi, toujours difficile à modifier quand on est parvenu à l'obtenir, arme l'Administration et lui permette d'intervenir et d'étendre son action par voie de décret. C'est un défaut de plusieurs lois étrangères, de la loi anglaise notamment et un peu aussi de la loi suisse, de vouloir trop définir. Les conditions de l'industrie changent tous les jours; tel procédé de fabrication actuellement dangereux et insalubre sera remplacé demain par un procédé sans danger; il convient en ces matières de prévoir le progrès et de laisser une sage latitude à l'action administrative. Une loi précise et simple, permettant de procéder par règlements d'administration publique, incessamment modifiables, est infiniment plus prudente qu'une loi trop étendue et qui veut tout prévoir.

Le projet de règlement relatif à la salubrité et à la sécurité, que nous avons étudié et que nous proposons en exécution de l'article 1er de la loi, entre au contraire dans les détails nécessaires.

Il exige d'abord, à l'imitation de la loi anglaise [1], que les locaux occupés par les travailleurs soient tenus dans un état constant de salubrité générale, en dehors même des conditions du travail (émanations des fossés, latrines, égouts, encombrement, aération). Il prescrit en même temps de prendre les précautions convenables contre les dégagements pulvérulents ou gazeux, d'établir une ventilation artificielle pour les cas où l'aération naturelle ne serait pas possible à cause des conditions de la fabrication, ce qui peut être le cas de certaines filatures, etc.

Il nous semble en effet qu'il ne servirait de rien de prendre des précautions contre les inconvénients du travail si l'on ne prévoyait aussi les dangers qui naissent de l'encombrement, d'une aération défectueuse, d'un éclairage insuffisant, de la présence de latrines immondes, comme il est de règle d'en rencontrer aujourd'hui dans la plupart des maisons ouvrières et dans les ateliers, si l'on ne se préoccupait en un mot des conditions de salubrité de l'atelier considéré comme un logement où les ouvriers passent la moitié de leur temps.

Actuellement, s'il n'existe pas de loi qui vise la salubrité intérieure des industries, il existe, il est vrai, une loi sur les logements

[1] Extraits du *Factory and Worckstrop Act* de 1878. — 3. Une manufacture et un atelier doivent être tenus en état de propreté et délivrés de toute émanation provenant d'un fossé, de lieux privés ou de toute autre cause insalubre.

Une manufacture ou un atelier ne doit pas être rempli de monde, pendant les heures de travail, au point de nuire à la santé des employés, et doit être aéré de façon à rendre inoffensifs, autant que possible, tous les gaz, vapeurs, poussières et autres impuretés engendrées par la fabrication des produits ou par la main-d'œuvre.

Toute manufacture ou tout atelier qui contreviendront aux dispositions de cette section seront considérés comme n'étant pas tenus conformément à la loi.

4. Lorsqu'il vient à la connaissance de l'inspecteur qu'il a été commis dans la manufacture ou l'atelier un acte de négligence, ou qu'il existe un défaut dans la tenue des fossés, water-closets, enclos-communs, cendriers, puits, ou tout autre délit dont il n'est pas parlé dans l'acte, mais qui est passible de la loi sur la salubrité publique, l'inspecteur donnera avis, par écrit, de l'acte de négligence ou du manquement à l'autorité sanitaire du district dans lequel est situé la manufacture ou l'atelier, et l'autorité sanitaire aura pour devoir de faire telle enquête que l'avis comportera et de prendre telle décision qu'elle jugera propre à atteindre le but de la loi.

L'inspecteur peut, pour les besoins de cette section, prendra avec lui dans l'intérieur de la manufacture ou de l'atelier un officier médical de santé, un inspecteur de salubrité, ou tout autre agent de l'autorité sanitaire.

insalubres (Loi du 13 avril 1850)[1]; mais, entre autres imperfections reconnues, cette loi ne s'applique pas aux ateliers qui ne sont pas considérés comme des logements permanents. Il est rationnel de faire état de ce desideratum dans une loi sur l'hygiène des ateliers, puisque l'habitation à l'atelier présente des conditions complexes d'hygiène générale et spéciale que les commissions des logements insalubres pourraient mal connaître et qui seraient plus aisément reconnues et qualifiées par des inspecteurs compétents.

Nous avons introduit dans ce règlement une disposition visant les interruptions journalières du travail, prescrivant d'aérer les ateliers pendant le temps de cette interruption, et interdisant de laisser les ouvriers prendre leurs repas dans l'atelier.

La large ouverture des fenêtres pendant les interruptions du travail est une mesure d'hygiène essentielle; il n'y a pas de meilleur mode d'aération, d'évacuation de cet air souillé par la présence d'un personnel nombreux et où pullulent si facilement les microrganismes quand il reste confiné. Si l'on reste dans l'atelier pendant les interruptions de travail, si surtout on y prend les repas, l'animalisation de l'air atteint un degré dangereux. La question des repas pris en dehors de l'atelier est réglée par la loi anglaise (art. 17 du *Factory Act* de 1878)[2], par la loi danoise du 23 mai 1873 (art. 4)[3], par la loi suisse du 23 mars 1873, qui va plus loin que nous n'oserions aller et qui demande que des locaux convenablement chauffés soient mis à la disposition des ouvriers pour leurs repas[4].

[1] Tome I, p. 134.

[2] ANGLETERRE. — *Factory Act* de 1878 :

ART. 17. Au sujet des repas (sauf les exceptions spécialement indiquées dans le présent *Act*), les règles suivantes seront observées dans les manufactures et ateliers :

1° Tous les enfants, adultes et femmes doivent prendre leurs repas à la même heure du jour.

2° Un enfant, un adulte ou une femme ne pourront, sous aucun prétexte, travailler pendant les heures de repas, ni même rester à l'atelier où se fabriquent les produits.

[3] DANEMARK. — Loi du 23 mai 1873 :

ART. 4. Les enfants et les jeunes gens... ne pourront, durant leurs repas, rester dans aucun local de la fabrique ou de l'atelier au moment où l'on y travaille. Si, par suite de la nature du travail, l'air du local se remplit de poussière ou d'autres matières nuisibles à la santé, la police sanitaire pourra demander qu'il soit assigné aux travailleurs un local particulier pour y rester pendant les heures de repos et pour y prendre leurs repas.

[4] SUISSE. — Loi fédérale du 23 mars 1877 :

ART. 11, § 5. On accordera aux ouvriers, au milieu de la journée de travail, un

D'ailleurs, dans certaines professions où l'on fabrique ou bien où l'on emploie des substance toxiques, il n'est pas prudent de prendre ses repas dans l'atelier où les poussières seraient ainsi plus aisément absorbées et trouveraient dans le tube digestif une voie plus rapide et plus sûre d'intoxication. C'est par exemple ce qu'on peut dire de toutes les professions qui travaillent ou emploient le plomb. Ces préoccupations ne se sont pas seulement montrées à l'étranger; on en retrouve la preuve dans les travaux des hygiénistes et dans les actes des administrateurs français. Dans une circulaire de M. le Préfet de police, en date du 24 janvier 1882, préparée par le Conseil d'hygiène de la Seine sur le rapport de M. Gautier, il est dit « qu'on ne doit pas laisser les ouvriers séjourner, et encore moins prendre leurs repas, dans les enceintes où se dégageraient notoirement des poussières contenant du plomb ». De son côté, le Comité consultatif d'hygiène publique de France, dans un projet de règlement sur les fabriques de céruse et de minium [1], a fait de cette défense un article spécial : (Art. 10. Aucun repas ne pourra être pris dans l'intérieur de l'usine [2].)

Nous n'avons pas hésité non plus à faire entrer dans le règlement relatif à la salubrité de l'atelier des prescriptions qui touchent à la fois à l'assainissement et à la simple propreté. C'est ainsi par exemple que, pour les cas où l'atelier, l'usine, la fabrique, envoient leurs eaux résiduaires ou leurs eaux de lavages à un égout, soit public, soit privé, on a demandé que toute communication entre l'égout et l'établissement industriel soit munie d'un intercepteur hydraulique fréquemment nettoyé et abondamment lavé au moins une fois par jour. Pour les cabinets d'aisances, en nombre suffisant [3], exigés par le projet de règlement, des précautions

---

repos d'une heure au moins pour le repas; des locaux convenables, chauffés en hiver, et hors des salles ordinaires de travail, seront mis gratuitement à la disposition des ouvriers qui apportent ou se font apporter leur repas à la fabrique.

[1] Tome XII, p. 190.

[2] Ces précautions s'appliquaient en Prusse, dès 1865, aux ateliers où l'on emploie l'arsenic. Un décret du 10 juin 1865, relatif à l'établissement des fabriques d'aniline, contient la défense formelle de laisser les ouvriers prendre leurs repas dans les ateliers.

[3] Il ne paraîtrait pas excessif d'indiquer le nombre de cabinets d'aisances nécessaires pour un nombre déterminé d'ouvriers. De telles prescriptions ont maintes fois été faites. Le projet de règlement, récemment mis à l'enquête pour l'assainissement de Paris, prescrit un cabinet d'aisances par logement; et en recherchant dans la table chronologique des règlements de voirie nous avons trouvé la mention suivante :

« Du 24 septembre 1668. — Ordonnance de M. le Prévôt de Paris où son Lieute-

analogues devraient être prises, c'est-à-dire que les cuvettes seraient à fermeture hermétique avec inflexion siphoïde du tuyau de chute et provision d'eau abondante.

Les raisons de ces prescriptions n'ont pas besoin d'être expliquées; il n'est pas un hygiéniste qui ne reconnaisse l'utilité d'établir entre l'habitation, même temporaire, et les points d'évacuation de tous les résidus organiques, une interception hydraulique, qui seule empêche efficacement le retour des odeurs et émanations quelconques dans les habitations. Mais nous tenons à faire remarquer que la nécessité d'une telle prescription devient impérieuse quand il s'agit des ateliers. L'appel déterminé par les cheminées industrielles et qu'il est si utile souvent de rendre énergique pour enlever les buées, vapeurs et gaz engendrés par le travail, l'appel des ventilateurs, usités pour l'enlèvement des poussières, tendent à favoriser et à rendre plus dangereux ces reflux gazeux des égouts ou des fosses, surtout quand les fenêtres sont fermées; il serait étrange qu'on prît des mesures pour l'évacuation par aspiration des vapeurs, gaz, poussières irritantes ou toxiques, et qu'on fît du même coup pénétrer dans l'atelier un air chargé de miasmes infectieux; ça serait d'une hygiène imprévoyante que de chercher à protéger les ouvriers contre les irritations bronchiques, contre le saturnisme, l'hydrargyrisme, etc., et de leur apporter en même temps les germes de la fièvre typhoïde.

C'est aussi contre des dangers du même ordre que nous avons pris soin d'assurer le nettoyage du sol et des parois dans tous les ateliers quelconques, et que nous nous sommes attachés dans un article spécial à prescrire des précautions particulières pour les locaux où l'on travaille et où l'on emmagasine des matières organiques. Le sol dans ce cas doit être imperméable, les murs convenablements enduits doivent être stuckés ou silicatés ou recouverts d'une épaisse couche de peinture à l'huile à base de zinc. Indépendamment d'une question grave d'hygiène, le choix de la peinture à base de zinc est motivé dans ces ateliers, comme dans les cabinets d'aisances, par la coloration noirâtre qui résulte de la sulfuration pour les peintures à base de plomb. D'ailleurs le sol et les murs doivent être fréquemment lavés avec une solution désinfectante, et

« nant de police, portant nouveau règlement général à tous les propriétaires et loca-
« taires des maisons de la Ville et Fauxbourgs de Paris, pour la construction de la
« quantité suffisante de latrines, à proportion de la grandeur et nombre des habitants
« de chaque maison. »

les résidus putrescibles ne doivent jamais séjourner dans les locaux affectés au travail. Ce ne seront pas là d'ailleurs des prescriptions nouvelles : elles sont proposées déjà fréquemment par les conseils d'hygiène, pour les abattoirs, les fondoirs, les chantiers d'équarrissage, les boyauderies, les dépôts de chiffons, etc. Mais elles devaient trouver leur place naturelle dans un règlement sur la salubrité intérieure des établissements industriels [1].

Nous demandons aussi qu'il soit pris des mesures pour assurer la ventilation artificielle et l'aération naturelle de l'atelier. Il s'agit ici, en dehors de toute cause de viciation résultant du travail, de remédier aux dangers de l'encombrement. Ces mesures générales sont indépendantes de celles, toutes spéciales, qui doivent être prises contre les émanations industrielles. Ces émanations se produisent dans les usines, manufactures, ateliers, tantôt sous la forme de gaz ou de vapeurs, tantôt sous la forme de poussières.

S'il s'agit de vapeurs ou de gaz, il peut se trouver qu'on ait affaire à des corps gazeux légers ou lourds, tendant à s'élever ou tendant à gagner les couches inférieures de l'atmosphère. Il en est de même des poussières. — Disons d'abord que dans tous les cas l'évacuation devra se faire au moment même et au lieu même de la production. La ventilation générale des locaux peut en effet, dans de telles circonstances, être plus nuisible qu'utile; elle peut avoir pour conséquence de mêler à l'atmosphère tout entière de l'atelier les émanations nuisibles, irritantes ou toxiques, et de répandre le danger qui doit être au contraire localisé. C'est pourquoi pour tous les dégagements légers, qu'ils soient gazeux ou pulvérulents, les tables ou fourneaux devraient être munis de hottes communiquant à des cheminées d'appel de bon tirage. Pour les poussières plus lourdes et même pour toutes les poussières sans exception, il se-

---

[1] Il est évident que les prescriptions faites par le règlement pour les établissements où l'on emploie des substances organiques auront souvent besoin d'être complétées par voie de circulaires. C'est par des circulaires en effet que des instructions pourront être données sur les mesures à prendre contre le danger du charbon et de la pustule maligne dans les abattoirs, les chantiers d'équarrissage, les boyauderies, etc. C'est aussi par des circulaires qu'on pourrait mettre en garde les ouvriers qui travaillent les chiffons contre la transmission de maladies infectieuses, indigènes ou exotiques. Par exemple, pour les chiffons, il est certain que la transmission de la variole n'a, quelquefois, pas eu d'autre cause. Mais conviendrait-il d'exiger par voie de règlement que les ouvriers des dépôts de chiffons et des papeteries soient régulièrement revaccinés? Ne serait-ce pas une exigence excessive? Et ne pourrait-on pas dire que c'est établir la revaccination obligatoire, si désirable sans doute, mais non encore légale. Des circulaires, des instructions sont au contraire très légitimes dans de tels cas.

rait bon d'exiger dans certains cas que les appareils ou machines fussent enveloppés de tambours ou de chemises de bois ou de tôle mis en communication avec un ventilateur aspirant; enfin pour les gaz lourds (vapeurs mercurielles, sulfure de carbone), une ventilation *per descensum* est indispensable.

Un règlement n'a pas à indiquer pour toutes les industries ce qu'il convient de faire des dégagements; il peut exiger seulement qu'ils soient évacués hors de l'atelier au moment même et au point même de leur production, et qu'ils ne soient pas jetés librement dans l'atmosphère. Suivant les cas, les gaz ou vapeurs pourront être condensés ou brûlés, les poussières seront dirigées sous les foyers ou recueillies dans des caisses à chicane ou dans des chambres à poussière : ce sont des questions d'espèce et les solutions varieront avec le genre d'industrie, avec la possibilité d'utiliser ou non les dégagements produits.

Nous avons, à dessein, négligé d'imposer des appareils individuels tels que masques, respirateurs, etc. On peut, par voie de circulaire, en recommander l'emploi, mais il ne nous a pas paru qu'on pût en exiger l'usage. Ce sont d'ailleurs presque toujours des moyens de protection insuffisants que ceux qui nécessitent à chaque instant la coopération volontaire de l'ouvrier, il ne s'y soumet qu'avec répugnance et même il met une sorte de point d'honneur à s'en affranchir; les meilleurs moyens de le préserver des dégagements nuisibles sont ceux qui, par leur automatisme, laissent tout à fait en dehors le libre arbitre du travailleur [1].

Il peut arriver que les poussières nuisibles ne soient pas un produit accessoire et résiduaire du travail; que ce soit au contraire le but même de ce travail (pulvérisation de la belladone, de la céruse, etc., etc.) : nous avons pensé que le règlement devait étendre à ces faits sa prévoyance et exiger que les opérations se fassent en appareils clos.

Les progrès de la mécanique ont permis, dans certains ateliers, d'établir des appareils sans danger pour le travail de matières pulvérulentes éminemment toxiques; les exemples ne manquent

[1] Il existe cependant des professions comme celles des piqueurs de grès, des ouvriers des carrières de pierres dures, où l'usage du masque rendrait de grands services. Tous les hygiénistes connaissent les conditions défectueuses de santé des ouvriers de Fontainebleau et de la Ferté-sous-Jouarre; tous savent que des masques ont été conseillés (absorbant hydraulique de Poirel, voile de Mercier), mais que les ouvriers se montrent insoucieux de ce moyen de protection. La réglementation serait ici impuissante, et il ne faut rien attendre que de l'éducation.

pas, qu'on pourrait imiter sans beaucoup de frais et en réalisant une économie véritable de la santé des ouvriers.

Enfin, en même temps que nous indiquions la nécessité de ne pas laisser les ouvriers prendre leur repas à l'atelier, nous avons demandé que les patrons mettent à la disposition de leur personnel les moyens d'assurer la propreté individuelle : vestiaires pour les vêtements de travail, lavabos et eau de bonne qualité. Nous connaissons des ateliers bien tenus, où de telles facilités sont données aux travailleurs; nous ajoutons qu'elles constituent des précautions indispensables; si, en effet, quittant l'atelier pour aller prendre son repas au dehors, l'ouvrier emporte avec lui sur sa blouse de travail, sur ses mains, sous ses ongles, sur le visage, des matières pulvérulentes toxiques, l'intoxication professionnelle ne sera pas évitée, et il est bon de savoir que chez certains typographes, chez les fondeurs de caractères, chez les fabricants de plomb de chasse, chez tous ceux qui manient le plomb et ses sels, le saturnisme n'a souvent pas d'autre cause que l'ingestion de particules toxiques restées sur la peau ou mêlées à la crasse sous-unguéale.

Ce projet de règlement ne s'applique qu'aux manufactures, usines, fabriques, ateliers considérés en général; il est bien certain qu'il faudra plus tard réglementer le travail dans de certaines conditions spéciales, et notamment dans les chantiers dont nous ne pouvons nous dispenser de dire un mot dans ce rapport.

Les grands chantiers de terrassement, les chantiers maritimes présentent en effet des conditions et des dangers d'un caractère particulier. Les grands remuements de terre exposent les travailleurs aux accidents de l'impaludisme, et c'est de quoi les hygiénistes se sont préoccupés à diverses reprises. En 1881, le docteur Gibert, du Havre, saisissait la Société de médecine publique et d'hygiène professionnelle d'une demande de consultation à l'occasion de l'exécution projetée du canal de Tancarville. Presque en même temps, M. le Ministre des travaux publics sollicitait l'avis de l'Académie de médecine sur les mesures de précaution et sur les soins à donner aux ouvriers en vue des travaux à exécuter sur le littoral maritime. A l'Académie de médecine, comme à la Société de médecine publique, ce fut M. le docteur Léon Colin qui rédigea la réponse. Il envisagea successivement l'éventualité des mesures à prendre à l'égard des ouvriers et à l'égard du sol, et recommanda :

A. *A l'égard des ouvriers.* — 1° Embauchage d'individus robustes, indemnes d'affection palustre antérieure; 2° suspension des travaux pendant les mois de juillet et d'août; 3° installation des ouvriers, pendant la nuit, dans les centres de population voisins, ou dans des baraques bien closes; 4° allumage, matin et soir, de grands feux au voisinage du chantier; 5° augmentation de la résistance individuelle par l'interdiction du travail à jeun, par une alimentation substantielle, par l'usage de la flanelle; 6° envoi immédiat de tout malade à l'hôpital le plus voisin; 7° surveillance spéciale des sortants de l'hôpital, au point de vue des vêtements, de l'alimentation, et de la continuation, pendant quelques semaines, de la médication spécifique.

B. *A l'égard du sol.* — 8° Utilisation des travaux du canal et du canal lui-même pour assainir la contrée; 9° aplanissement immédiat et drainage des terrains remués; 10° transport direct et aussi rapide que possible des matériaux de déblais sur les points où il y a quelque nivellement à opérer; 11° ensemencement et culture intensive de ces terrains.

Il y aurait lieu de s'inspirer de ces idées quand on en viendra à faire un règlement sur ce point particulier, et il est certain qu'alors il faudra faire un départ entre les prescriptions qui sont de nature à être imposées par décret et celles, d'un caractère moins précis, pouvant utilement faire l'objet d'une circulaire.

Il sera également nécessaire d'y ajouter certaines conditions applicables aux chantiers maritimes et à l'usage des appareils destinés au travail sous-marin.

Une première prescription qui serait à faire et sur laquelle nous insistons dès aujourd'hui serait relative au coucher des ouvriers, qui ne doit pas avoir lieu sur les travaux, mais dans les centres de population voisins; et, si le chantier est éloigné de tout centre habité, il y aurait lieu d'exiger que les entrepreneurs installent les baraquements destinés aux ouvriers à une distance convenable des travaux et de préférence sur un point élevé. L'installation à la charge de l'entrepreneur existe souvent dans la pratique; elle est tout à fait indiquée pour certains travaux effectués à grande distance des lieux habités. En Hongrie, la loi de 1876 en fait une obligation et exige même que les ouvriers soient soignés en cas de maladie [1].

[1] HONGRIE. — Loi XIV de l'an 1876, sur l'organisation de l'hygiène publique en Hongrie.

ART. 15. — L'autorité veillera à ce que les industries existantes n'exercent pas une influence nocive pour l'hygiène publique.

Elle prendra les mesures nécessaires pour empêcher et régler l'exercice des industries insalubres qui ne tombent pas sous le coup de la loi sur les industries de 1872.

Elle est chargée, enfin, de veiller à ce que les ouvriers employés aux grands travaux publics dans les chantiers éloignés des communes, et qui se trouvent par conséquent dans l'impossibilité de pourvoir à leur placement, soient installés à la charge et par les soins des entrepreneurs de travaux et administrations, et qu'ils soient soignés en cas de maladie.

Le transport immédiat des déblais nous paraîtrait aussi devoir être prévu par une disposition réglementaire ; c'est une prescription vraiment importante qui pourrait se trouver complétée, par voie de circulaire, par la recommandation de livrer les remblais et banquettes à l'ensemencement et à une culture intensive.

Un tel règlement spécial devrait viser les cas où l'on emploierait dans les chantiers fluviaux et maritimes les scaphandres ou cloches à plongeurs, l'appareil Triger ou tout autre système à air comprimé ; alors il deviendrait facile, pour l'Administration, d'indiquer dans des *instructions* spéciales les précautions à prendre, les règles à observer pour écarter tout danger ou pour soigner immédiatement les ouvriers qui viendraient à présenter des accidents dus à la brusque décompression de l'air.

Autant et plus que dans les ateliers, il faudrait signaler dans les chantiers la nécessité d'approvisionner le personnel d'eau potable et obliger l'entrepreneur à établir un système de vidanges par tinettes mobiles. Rien n'est plus fréquent, en effet, que les épidémies coïncidant avec la dissémination de matières fécales sur le sol autour d'un campement. Sans remonter jusqu'à Moïse et à ses prescriptions hygiéniques, si sages dans de tels cas, on trouverait aisément, dans les travaux des médecins militaires, des preuves de cette cause de danger et des indications pour éviter l'infection des campements par des installations convenables de latrines.

Enfin, nous pensons qu'il serait sage d'introduire, par voie de règlement, cette indication, que les cahiers des charges devront prévoir pour tous les grands travaux, publics ou privés, les conditions d'hygiène des ouvriers.

Il va de soi qu'un tel règlement aurait besoin d'être commenté par des circulaires et qu'on pourrait alors recommander que, dans l'intérêt même des travailleurs, on choisît de préférence pour les grands terrassements des sujets robustes, indemnes d'accidents palustres antérieurs ; que, dans le cas d'accès de fièvre intermittente, les ouvriers soient vite éloignés des travaux et qu'ils ne reviennent au chantier que guéris et sous la condition de continuer quelque temps le traitement spécifique. On pourrait en même temps rappeler qu'il a été proposé d'allumer matin et soir de grands feux au voisinage des chantiers, et que, sans attacher à cette mesure une importance exagérée, c'est un essai qui mérite d'être tenté.

La commission a envisagé toutes ces éventualités et a cru

devoir fixer dès aujourd'hui quelques jalons pour un règlement qui s'imposera plus tard. Mais ce règlement, elle ne croit pas utile de l'annexer aujourd'hui à son projet de loi, pas plus qu'elle ne pense que le moment soit venu de faire un règlement relatif à l'hygiène des mines et à l'hygiène des ouvriers employés au percement des tunnels. Le règlement plus général qui vise la salubrité et la sécurité du travail des ateliers est au contraire un commentaire indispensable du projet de loi. Nous venons d'exposer plus haut les conditions générales qu'il impose pour la salubrité; arrivons à l'examen de ce qui est nécessaire pour assurer la sécurité [1].

A ce point de vue le règlement vise les dangers qui résultent de l'entassement des machines, des passages insuffisants ménagés entre elles, et prévoit les cas où des entourages et barrières seraient nécessaires. Il s'occupe des dangers qui résultent du mouvement des diverses pièces des machines. Enfin, il oblige les chefs d'établissements industriels à aviser immédiatement l'autorité char-

---

[1] La plupart des lois étrangères sur l'hygiène industrielle s'occupent de la sécurité du travail :

Suisse. — *Loi fédérale du 23 mars 1877, art. 2.* Les ateliers, les machines et les engins doivent, dans toutes les fabriques, être établis et maintenus de façon à sauvegarder le mieux possible la santé et la vie des ouvriers.

On veillera en particulier à ce que les ateliers soient bien éclairés pendant les heures de travail, à ce que l'atmosphère soit autant que possible dégagée de la poussière qui s'y forme, à ce que l'air s'y renouvelle toujours dans une mesure proportionnée au nombre des ouvriers, aux appareils d'éclairage, et aux émanations délétères qui peuvent s'y produire.

Les parties des machines et les courroies de transmission qui offrent des dangers pour les ouvriers seront soigneusement renfermées.

Danemark. — *Loi du 23 mai 1873, art. 11.* Les lieux de travail en question, ainsi que les travaux et les machines qui s'y trouvent, doivent être disposés de telle façon que la santé, la vie et les membres des travailleurs soient protégés de la manière la plus convenable, tant pendant la fabrication que pendant le séjour dans le local du travail. Toutes les parties courantes des machines ainsi que les instruments mis en mouvement mécaniquement par les machines, et avec lesquel les enfants ou les jeunes gens travaillant dans la fabrique ou dans l'atelier pourraient se trouver en contact, soit en passant, soit pendant leurs travaux ordinaires, doivent être solidement enclos, autant que le permet la nature des machines et du travail, et il est défendu d'enlever l'enclos pendant que les machines fonctionnent.

Les enfants et les jeunes gens ne doivent être employés à nettoyer aucune partie des machines d'une fabrique ou d'un atelier pendant qu'elles sont en mouvement.

Espagne. — *Loi du 24 juillet 1873 sur le travail des enfants, art. 9.* A dater de la promulgation de cette loi on ne construira aucun des établissements dont parle l'article premier sans que les plans aient été préalablement soumis à l'examen d'un jury mixte et qu'ils aient obtenu son approbation en ce qui touche les précautions indispensables d'hygiène et de sécurité des ouvriers.

gée de la police locale et le service d'inspection des accidents qui pourraient se produire [1].

Nous n'avons pas voulu prévoir dans ce règlement général les précautions à prendre contre les dangers d'incendie [2]. Il nous a paru que c'était là matière à un règlement spécial ultérieur.

Le projet de décret est entré dans des détails relativement au passage des ouvriers entre les diverses machines, et il a fixé la largeur de ces passages à un minimum de 60 centimètres, qui a paru suffisant, après que le rapporteur s'est assuré des dimensions de ces passages dans un atelier modèle, l'imprimerie de M. Chaix, rue Bergère [3]. Peut-être y aurait-il lieu de donner plus de largeur aux passages dans les ateliers où travaillent les femmes, dont les jupes flottantes peuvent être une cause particulière de danger; peut-être aussi conviendrait-il de recommander aux ouvriers de porter exclusivement dans les ateliers à moteurs mécaniques ces vêtements de toile ajustés, dont ils comprennent si bien l'utilité qu'ils en prennent chaque jour spontanément l'usage; mais c'est l'affaire d'instructions spéciales, et ça ne peut être l'objet de prescriptions réglementaires, quoiqu'on n'ait pas hésité à l'introduire dans le projet de réglementation allemand cité plus loin.

Le règlement s'occupe encore des barrières d'entourage des machines, des puits, des trappes, des cuves, des bassins; il indique la nécessité de précautions de sécurité contre les dangers des monte-charges, ascenseurs, élévateurs; il vise les dangers des échafaudages et tend ainsi à généraliser les mesures édictées à Paris par M. le Préfet de police; il spécifie les dangers qui résultent de certaines pièces saillantes des machines; courroies, bielles, engrenages, et prescrit des garde-mains, des grilles, des

---

[1] SUISSE. — *Loi fédérale du 23 mars 1877, art. 4.* Le propriétaire de fabrique est tenu d'avertir immédiatement l'autorité locale compétente de tous les cas de lésions graves ou de mort violente survenus dans son établissement.

[2] ALLEMAGNE. — *Projet de règlement allemand, A. S 7:* Dans tous les bâtiments où l'on se livre à des travaux exposant au danger du feu, dans ceux où l'on manipule des substances inflammables, il faudra avoir soin de pratiquer un nombre suffisant de fenêtres s'ouvrant facilement et permettant l'entrée et la sortie d'un homme. On établira aussi des escaliers et des échelles à feu, afin que, dans le cas où un incendie éclaterait, le sauvetage des ouvriers puisse s'effectuer facilement. (Voir *Bulletin de la Société de protection des apprentis,* 15ᵉ année, t. XIV, p. 101, 1ᵉʳ trimestre 1881.)

RUSSIE. — Voir plus haut, page 361, la prescription d'avoir deux issues pour tout atelier dont la longueur dépasse 15 mètres.

[3] Chez M. Chaix la largeur des passages varie entre 0ᵐ,40 et 1 mètre. Le règlement allemand exige 1 mètre, ce qui est une dimension exagérée et difficile à admettre à Paris, étant donnée la valeur très élevée du terrain.

couvre-engrenages, etc.; il prévoit le cas des machines à scier, à fraiser, à raboter, etc.; il demande que la mise en train ou l'arrêt des machines n'ait jamais lieu sans que les ouvriers soient prévenus par un signal; il veut aussi que le maniement des courroies se fasse mécaniquement, que les ouvriers ne soient employés au graissage ou au nettoyage que dans des conditions complètes de sécurité, et qu'enfin les conducteurs de machine aient la faculté de pouvoir immédiatement arrêter la force motrice et les transmissions.

Ce règlement nous semble plus complet et plus simple que le projet allemand que nous reproduisons en note ci-dessous [1].

[1] ALLEMAGNE. — *Loi sur les métiers, art. 120.*.... Enfin les entrepreneurs industriels sont tenus de prendre et de maintenir toutes les mesures nécessaires, suivant les différentes branches d'industrie, pour garantir, autant que possible, contre tout danger la vie et la santé de leur personnel. Le conseil fédéral peut déterminer les mesures à prendre pour chaque genre d'industrie....

Projet de réglementation tendant à préserver la vie et la santé des ouvriers de fabrique. En vertu du paragraphe 120, alinéa 3, de la *Gewerbeordnung*, sont publiées les prescriptions suivantes :

A. Pour les fabriques qui occupent des ouvriers dans des locaux fermés :

1° Les locaux de travail, y compris les corridors et les escaliers, doivent être bien éclairés, et pourvus de planchers solides et unis.

Les locaux de travail doivent être assez spacieux pour qu'il y ait au moins ..... mètres cubes d'air pour chaque ouvrier qui y est occupé.

2° Les locaux de travail seront disposés de telle manière que l'air ne soit pas vicié par des exhalaisons et vapeurs nuisibles, délétères et irrespirables.

3° Les locaux ou appareils dans lesquels existent ou peuvent se produire des gaz, des vapeurs ou poussières inflammables, délétères et irrespirables, seront disposés de manière que ces matières nuisibles ne puissent pénétrer dans les ateliers.

L'entrée de ces locaux ne pourra être permise que lorsque ces objets nuisibles auront été éloignés, ou que les ouvriers à y occuper seront munis d'appareils de ventilation répondant à ce but, ainsi que, si le cas l'exige, de lampes de sûreté.

4° Les escaliers doivent être munis, au moins d'un côté, de rampes solides. Les marches doivent en être tenues constamment en bon état.

5° Les ouvertures servant à monter et à descendre des marchandises, les entonnoirs d'emplissage et autres appareils à porter et à charger, les échafaudages, greniers, galeries, murailles d'appui, plateformes, plans inclinés, de même que les carreaux, fossés, rigoles et bassins, poêles, chaudières et réservoirs ayant une hauteur de plus de .... mètres et qui contiennent des liquides empoisonnés, corrosifs ou chauds, ou qui servent à chauffer, doivent être si bien conditionnés ou entourés que des hommes ne puissent y tomber ni être atteints par la chute de quelque objet.

6° Il faut disposer et faire manœuvrer les monte-charges (élévateurs, monte-charges avec frein, etc.), de manière que :

a. La voie de la cage du monte-charges et des contrepoids soit fermée;

b. Que la fermeture du puits à l'entrée des galeries se fasse d'elle-même et d'une manière sûre;

c. Que rien ne puisse tomber de la cage du monte-charges et des galeries dans le puits;

Nous ne voulons pas l'analyser plus en détail, la question est de celles qui ne se discutent guère, et la nécessité de protéger le

d. Qu'une entente entre les extrémités des galeries soit assurée par des signaux.

Le transport des hommes en monte-charges ne sera permis que lorsqu'on ne pourra l'éviter par suite de la nature de l'exploitation ; dans le cas de ce transport, la charge ne devra pas dépasser le tiers de celle que l'on peut transporter. Le monte-charges doit être, dans ce cas, pourvu de chapeaux, de parachutes ou d'autres appareils préservatifs.

7° Dans tous les bâtiments où l'on se livre à des travaux exposant au danger du feu, dans ceux où l'on manipule des matières inflammables, il faudra avoir soin de pratiquer un nombre suffisant de fenêtres s'ouvrant facilement et permettant l'entrée et la sortie d'un homme. On établira aussi des escaliers et des échelles à feu, afin que, dans le cas où un incendie éclaterait, le sauvetage des ouvriers puisse s'effectuer facilement.

B. Pour les établissements industriels dans lesquels on emploie des machines mues par une force élémentaire :

1° Les machines (à vapeur, à gaz, à air chaud, roues hydrauliques et turbines) devront être installées dans des locaux séparés, ou fermés du côté où l'on travaille, de manière que leur accès soit exclusivement réservé aux ouvriers chargés de s'en servir.

Ne peuvent être chargés de ce soin que des ouvrier sûrs, d'un âge mûr et du sexe masculin. L'accès de ces machines est interdit à toute autre personne.

Les machines, et particulièrement le balancier et la manivelle des machines horizontales, doivent être clôturés et les tiges de piston solidement emboîtées.

2° Toutes les parties de transmission et de machines en mouvement qui sont situées de manière que les hommes par leur travail ou leurs rapports puissent se mettre en contact avec elles, quand elles ne servent pas directement d'outils ou que leur maniement et leur surveillance constante pendant le travail ne sont pas nécessaires, doivent être entourées par des abris préservatifs, afin qu'aucun contact ne puisse avoir lieu.

Il faudra particulièrement :

a. Que les courroies de transmission, lorsqu'elles se trouvent à portée des ouvriers, soient pourvues de solides caisses ou de chéneaux à une hauteur de 1^m,50 du plancher. On enveloppera de même les arbres de transmission ;

b. Que les cordes de transmission soient fixées à telle hauteur qu'elles ne puissent blesser personne ;

c. Que les balanciers et poulies placés très bas, et se mouvant à portée des ouvriers, soient enfermés au moins à 1^m,50 de hauteur au-dessus du plancher ;

d. Que les roues d'engrenage soient enfermées ;

e. Que toutes parties saillantes (vis d'arrêt, clavette, etc.) aux poulies de transmission et manchons soient coupées ou enfoncées.

3° Le commencement de mouvement des transmissions doit être signalé dans tous les locaux de travail, de manière à être entendu par chaque ouvrier.

4° Dans les établissements où la force motrice employée pour l'ensemble de l'exploitation est divisée en plusieurs étages ou utilisée par plusieurs entrepreneurs, il faudra prendre des dispositions telles que chaque fraction isolée de l'ensemble du mouvement puisse être arrêtée promptement et d'une manière certaine.

Autant que le genre d'exploitation le permettra, il faudra aussi pouvoir arrêter les transmissions dans les divers locaux de travail, sans empêcher la marche des autres transmissions, ni celle de la machine à vapeur, et arrêter les dernières machines-outils, sans arrêter les transmissions.

travailleur contre les accidents qui résultent du travail s'impose comme l'évidence. C'est pourquoi la Chambre a fait bon accueil à une pétition de M. Oviève, de Darnetal, demandant que les prescriptions ordonnées pour la sécurité des enfants par l'article 14 de la loi du 19 mai 1874 soient étendues aux adultes. La Société industrielle de Rouen, consultée sur cette pétition par M. le Préfet de la Seine-Inférieure, avait déjà conclu favorablement pour la proposition Oviève, *tout en réservant sa préférence pour la protection du travail par voie d'initiative privée*, conception plus généreuse que pratique dont nous allons avoir à parler dans un instant.

M. Waddington, dans le projet de loi que nous avons reproduit plus haut, demande aussi, par son article 5, que les dispositions exigées par l'article 14 de la loi du 19 mai 1874 soient applicables à toutes les usines et manufactures sans distinction. MM. Félix Faure et Martin Nadaud voudraient, comme nous l'avons rappelé, qu'un règlement d'administration publique indiquât les

Dans le cas où cela est impossible, il y aura à prendre des dispositions telles que de chaque local de travail on puisse donner le signal d'arrêt du moteur.

Tous les appareils servant à arrêter la force motrice, les transmissions et machines de travail doivent être à portée de la main, facilement maniables et conditionnés de manière à agir vite et sûrement.

5° Les machines-outils avec instruments tranchants tournant avec vitesse (telles que machines à fraiser, à raboter, à racler, à découper, les cisailles, coupe-chiffons et autres engins de même nature) doivent être pourvues de débrayages et, autant que le genre de travail le permet, être disposées de telle sorte que les ouvriers ne puissent, du lieu où ils sont occupés, toucher involontairement ces instruments tranchants, ni être atteints des éclats ou débris lancés.

6° Les corridors se trouvant entre les machines de travail doivent être solides, complètement unis et au moins larges d'un mètre.

Tous les locaux dans lesquels se trouvent des machines ou transmissions devront être, pendant la durée du travail, éclairés par la lumière du jour ou au moyen d'un éclairage artificiel tel que l'on puisse facilement voir toutes les parties en mouvement.

7° On ne doit tolérer le nettoyage, graissage et les réparations des machines ou transmissions pendant qu'elles sont en mouvement, ni la pose d'échelles contre les arbres de transmission, ni la mise de courroies sur des poulies pendant leur mouvement, à moins qu'on ne se serve d'appareils garantissant l'ouvrier contre tout danger.

8° L'accès de tel poste de travail et d'occupation où le contact avec les machines et les parties de transmission est facile, ne doit être permis qu'à ceux des ouvriers qui portent un habillement serrant bien les bras et le corps.

9° Dans chaque local de travail, il faudra appendre, à un endroit que tous les ouvriers puissent voir, un tableau sur lequel on inscrira les prescriptions des paragraphes 7 et 8, en écriture lisible.

Il est permis d'y ajouter des instructions complémentaires qui devront être données aux ouvriers pour les préserver du danger.

Il est également nécessaire de placarder, aux endroits où le danger ne peut être écarté par des appareils préservatifs, des affiches signalant ce danger.

prescriptions particulières aux usines à moteurs mécaniques en tout ce qui concerne les précautions à prendre pour prévenir les accidents.

Pourtant il s'est fait dans ces derniers temps un mouvement contre l'intervention de l'État en matière d'hygiène industrielle et d'accidents de fabrique.

Par une conception singulière de la liberté, certains ingénieurs et industriels, n'envisageant que la contrainte qui résulte pour eux des dispositions réglementaires et la gêne que leur cause l'inspection, demandent que toutes les mesures soient laissées à leur bon vouloir et à leurs excellentes intentions humanitaires. On ne saurait mettre en doute les sentiments qu'ils expriment; mais quand on les voit critiquer vivement les dispositions des lois anglaises, suisses, allemandes, autrichiennes, etc., on peut croire qu'ils n'ont pas une notion suffisamment exacte des nécessités de l'hygiène publique et des droits de l'État pour la protection des citoyens.

L'occasion ou le prétexte de ce mouvement, de cette défiance envers l'Administration, a été la présentation à la Chambre des députés d'un certain nombre de propositions de loi relativement à la responsabilité des accidents dont les ouvriers sont victimes, propositions émanant de M. Martin Nadaud, de M. Poulevey, de M. Félix Faure et de M. Henry Maret [1].

Les propositions de ces honorables députés sont relatives seulement à la responsabilité; elles ne touchent pas directement aux questions d'hygiène, et il est regrettable qu'il se soit établi une confusion entre deux questions si distinctes.

Quoi qu'il en soit, cette confusion a été faite par quelques-uns et utilisée par d'autres.

M. G. Salomon, dans un mémoire à la Société des ingénieurs civils, a demandé *la liberté des mesures contre les accidents de fabrique*. Il espère que les industriels appliqueront spontanément ces mesures, afin de trouver une compagnie d'assurance qui veuille bien courir le risque de contracter avec eux. C'est fort bien pensé; mais c'est

---

[1] Il n'est pas sans intérêt de signaler ici que l'idée de rendre l'assurance obligatoire par les patrons est actuellement un fait accompli en Allemagne, et qu'une loi du 15 juin 1883 règle les conditions d'assurance des ouvriers contre la maladie. Nous n'avons pas à discuter ici l'opportunité d'une telle loi, mais nous pouvons signaler en passant qu'il y est fait des prescriptions spéciales pour le cas où l'ouvrier est employé à une industrie insalubre : *Art. 61. Les patrons, quand la nature de leur industrie entraîne des risques particuliers de maladies, peuvent être tenus d'ériger une caisse de fabrique, alors même qu'ils occupent moins de cinquante ouvriers.*

malheureusement tout le contraire qui s'observe dans la pratique, et à chaque instant les inspecteurs du travail des enfants, qui recommandent ou qui exigent des mesures de protection, se heurtent à cette réponse : « C'est inutile, je suis assuré. »

Sans doute M. Salomon et tous ceux qui ont écrit dans le même sens [1] invoquent l'exemple de la Société mulhousienne, fondée par M. Engel-Dollfus, et de l'Association rouennaise contre les accidents de fabrique; ils pourront y joindre maintenant l'Association parisienne des industriels contre les accidents du travail. Ces sociétés obligent ceux qui y entrent à prendre les mesures les meilleures de protection et d'assainissement; des inspecteurs nommés par elles les conseillent et les surveillent tout à la fois. Il est certain qu'elles rendent et rendront de très grands services, comme en a rendu l'Association des propriétaires d'appareils à vapeur; elles contribuent par leurs travaux et leurs recherches à rendre plus parfaits les moyens de protection; elles aident efficacement à l'action administrative, et il se peut qu'un jour elles la rendent inutile. Mais ce jour ne semble pas proche.

La Société mulhousienne, la première en date, malgré les efforts généreux de son regretté fondateur, laisse encore en dehors de sa sphère d'action plus de la moitié des industries de la région; la Société rouennaise n'a pas 50 adhérents dans une région qui comprend plus de 1,000 établissements industriels de premier ordre. La Société parisienne vient seulement de se fonder.

La liberté qu'on invoque pour substituer cette action si restreinte à l'action générale de l'État n'est en réalité qu'au bénéfice de l'industriel, qui demeure libre de prendre ou de ne pas prendre les mesures nécessaires à la protection de l'ouvrier [2].

Pour justifier cette prévention contre l'Administration, on a dit que ses agents ne présentaient pas une compétence suffisante, ou

[1] *Poan de Sapincourt.* — État actuel de la question des accidents du travail (Société industrielle de Rouen).

Talansier. — Les accidents du travail (Communication à l'Association française pour l'avancement des sciences, 1883).

[2] Les Associations de propriétaires d'appareils à vapeur, qui rendent en France de si grands services, ne suppléent pas cependant complètement au service d'inspection de l'État. En effet, il existe actuellement en France 9 associations surveillant environ 8,000 chaudières, c'est-à-dire pas plus de 12 p. 0/0 des chaudières en activité. — En Angleterre il y a 10 associations surveillant 64,000 chaudières, c'est-à-dire 40 p. 0/0 du chiffre total.

Ajoutons qu'en Suisse une seule association, celle de Zurich, surveille 1,400 chaudières, c'est-à-dire 70 p. 0/0 du nombre total d'appareils que possède la Suisse.

des garanties d'honorabilité et de discrétion qu'on se montre prêt à accorder cependant aux agents des associations privées. Cette critique ne mériterait pas de nous arrêter si nous ne trouvions là une occasion de nous expliquer sur les garanties de compétence qu'on devra exiger des fonctionnaires chargés de l'inspection de la salubrité et de la sécurité des ateliers [1].

[1] On feint volontiers de croire dans les discussions sur ce projet qu'il s'agit d'imposer à l'industrie des conditions draconiennes, et l'on cite volontiers, sans la connaître toujours, la loi autrichienne du 17 juin 1883 sur la création d'inspecteurs des fabriques. Nous donnons ici cette loi *in extenso* :

Loi du 17 juin 1883 concernant la création d'inspecteurs des établissements industriels :

ARTICLE PREMIER. Le Ministre du commerce est autorisé, après entente avec son collègue de l'intérieur, à nommer des inspecteurs des établissements industriels en nombre suffisant, et un inspecteur central.

ART. 2. Les pouvoirs d'un inspecteur s'étendent sur toutes les entreprises industrielles d'une ou de plusieurs circonscriptions d'un Pays (d'un État), et peuvent toujours être étendus ou diminués par le Ministre du commerce sans dépasser les frontières du Pays.

Les inspecteurs sont subordonnés à l'autorité politique sur le territoire de laquelle s'exerce leur action.

ART. 3. Exceptionnellement le Ministre du commerce peut autoriser un inspecteur à étendre son action sur un pays ou territoire limitrophe de sa circonscription.

ART. 4. Le Ministre du commerce conserve la faculté de retirer aux inspecteurs la surveillance de certaines industries représentées dans leurs circonscriptions, et de l'attribuer à des inspecteurs spéciaux dont les pouvoirs peuvent s'étendre à plusieurs pays.

ART. 5. La tâche des inspecteurs à l'égard des patrons et des ouvriers consiste dans la surveillance de l'exécution des prescriptions légales, concernant :

1° Les dispositions que les patrons sont tenus de prendre dans l'intérêt de la vie et de la sûreté des ouvriers aussi bien dans les locaux destinés au travail que dans les habitations s'il en existe ;

2° L'emploi qui est fait des ouvriers, la durée de la journée de travail, et les interruptions de travail périodiques ;

3° La tenue des listes d'ouvriers, et l'existence de règlements de service, ainsi que les payements et le renvoi des ouvriers ;

4° L'instruction professionnelle des jeunes ouvriers.

ART. 6. L'inspecteur doit remplir le rôle d'un agent technique de surveillance, d'information et de consultation à l'égard des autorités industrielles centrales, en ce qui concerne l'exécution des dispositions législatives concernant l'industrie, et peut aussi être chargé de revêtir de son avis les demandes d'autorisation d'établissements nouveaux, ou de modifications à faire à des autorisations déjà accordées, lorsqu'il se trouve dans ces demandes des circonstances qui peuvent exercer une influence sur la santé et la vie des ouvriers.

ART. 7. Le devoir de l'inspecteur comprend également l'obligation qui lui est imposée de soumettre à une revision continue les établissements attribués à sa surveillance, et d'acquérir ainsi une connaissance exacte des circonstances qui doivent rentrer dans le domaine de ses observations.

ART. 8. L'inspecteur, après avoir fait constater son identité auprès du patron ou de

Disons tout de suite que l'Association parisienne des industriels contre les accidents du travail a fourni, pour l'admission des can-

son représentant par la présentation d'une carte délivrée par le chef de l'État, et renouvelée tous les ans, entre de droit dans tous les locaux destinés au travail ou à l'habitation dans toutes les industries soumises à sa surveillance; de nuit, ce droit est restreint aux moments de travail. Le patron ou son représentant sont en droit de l'accompagner dans son inspection.

L'inspecteur a le droit d'interroger, même sans témoins s'il est nécessaire, toute personne attachée à l'exploitation industrielle, même le patron ou ses représentants, partout où s'exécutent les travaux relatifs à l'industrie, sur toutes les circonstances qui rentrent dans la sphère de son activité, en évitant toutefois, autant que faire se peut, tout trouble de l'exploitation.

Les patrons ou leurs représentants sont obligés de présenter à l'inspecteur, sur sa demande, les autorisations relatives à la création de leurs établissements avec les plans et dessins qui y sont annexés.

Lorsque l'une des personnes désignées plus haut refuse à l'inspecteur l'entrée des locaux à inspecter, se refuse à répondre aux questions, ou empêche quelque autre de répondre à ses questions, fait des réponses fausses ou engage d'autres à les faire, enfin, lorsque le patron ou son représentant refuse de produire les autorisations et plans y annexés; cette personne, si l'ensemble des faits ne constitue pas un acte tombant sous le coup des lois pénales ordinaires, se rend coupable d'une contravention, et devient justiciable de l'autorité chargée de la surveillance de l'industrie.

ART. 9. Si l'inspecteur constate que, dans une entreprise industrielle, les dispositions dont il doit vérifier l'existence ne sont pas convenablement prises, il doit exiger du patron la suppression immédiate de ces inconvénients ou de cet état contraire aux lois et, dans le cas de refus, adresser un rapport à l'autorité industrielle compétente, en introduisant ainsi la procédure régulière.

ART. 10. Les autorités industrielles doivent renvoyer à l'inspecteur leur décision sur les réclamations qu'il leur a adressées en vertu de l'article 9 aussitôt qu'elles sont prises, et il est loisible à cet inspecteur d'en appeler des décisions de la 1re et de la 2e instance dans les délais réglementaires.

ART. 11. Sur la demande de l'inspecteur, la juridiction industrielle peut, si la santé des ouvriers lui semble mise en danger par la nature de leur travail ou les procédés employés dans l'établissement, désigner, pour faire les recherches nécessaires, des médecins, des chimistes et autres experts dont la rétribution pèse sur le patron si l'existence des défectuosités indiquées par l'inspecteur est constatée.

ART. 12. Dans l'exécution de leur mandat, les inspecteurs doivent avoir à cœur, par leur contrôle actif et bienveillant, non seulement d'assurer les bienfaits de la loi à la population ouvrière, mais aussi de prêter un discret appui aux patrons pour leur faciliter l'exécution des exigences de la loi. Ils doivent encore s'efforcer de servir d'intermédiaires impartiaux entre les patrons et les ouvriers, en s'appuyant sur leurs connaissances techniques et leur expérience administrative, et d'obtenir une sorte de situation de confiance aussi bien vis-à-vis des patrons qu'à l'égard des ouvriers, qui leur permettra de contribuer à assurer la justice et à conserver de bonnes relations réciproques entre patrons et ouvriers.

ART. 13. Les inspecteurs doivent adresser annuellement des rapports circonstanciés, sur leurs travaux et leurs observations, au Ministre du commerce par la voie des autorités du pays; ces rapports devront mentionner avec détails les accidents dont les ouvriers ont pu être victimes et leurs causes, ainsi que des propositions éventuelles relatives à des mesures législatives et administratives pouvant être prises dans l'intérêt de l'industrie et des ouvriers.

didats au poste d'inspecteur de l'Association, un programme digne d'intérêt, dont nous reproduisons ici les points principaux :

Le corps d'inspecteurs de l'Association devra réunir un ensemble de connaissances variées embrassant, autant que possible, toutes les branches de l'art de l'ingénieur et de la science de l'hygiène en matière de risques et d'accidents, mesures préventives et mesures réparatrices. Comme un seul homme réunirait difficilement en sa personne toutes ces notions multiples, les inspecteurs devront nécessairement se spécialiser. Par la réunion d'un certain nombre de spécialistes, on formera un faisceau compact, représentant les diverses classes industrielles, qui sera en mesure de répondre aux exigences multiples et si diverses de l'industrie française.

Cependant, s'il est difficile de trouver réunies en un seul inspecteur toutes les connaissances nécessaires pour répondre à la grande pensée qui dirige l'Association, il n'en est pas moins vrai qu'il est un certain ensemble de connaissances générales que l'on devra rencontrer chez tous les candidats.

Si nous cherchions à déterminer quel sera le niveau d'instruction générale qui permettra aux adhérents d'avoir confiance dans leurs inspecteurs et à ceux-ci de remplir la tâche très complexe qui leur incombe, il semble que l'on doive

Ces rapports seront annuellement soumis au Reichsrath dans un travail d'ensemble.

Art. 14. Les inspecteurs sont, pendant la durée de leurs fonctions, assimilés aux fonctionnaires de l'État, et soumis en cette qualité aux règlements généraux du service.

Art. 15. Ne peuvent être nommés inspecteurs que les candidats pourvus du degré nécessaire de connaissances techniques et connaissant les diverses langues employées dans leur ressort.

Art. 16. Les inspecteurs sont tenus, par leur serment professionnel, à garder le secret sur les conditions commerciales et industrielles parvenues à leur connaissance ; ils doivent notamment observer la plus sévère discrétion relativement aux organisations techniques, procédés et autres particularités de l'exploitation qui leur sont désignés par les patrons comme ne devant pas être livrés à la publicité.

Ceux qui, pendant la durée de leur emploi ou après sa cessation, communiqueraient sans autorisation ou publieraient de semblables détails, ou utiliseraient à leur profit la connaissance qu'ils pourraient en avoir, se rendraient coupables d'un délit puni de trois mois à deux ans de prison, à moins qu'il n'y ait lieu de leur appliquer des dispositions plus sévères de la législation pénale commune. L'application de peines disciplinaires n'est pas exclue par cette disposition.

Art. 17. Il est interdit aux inspecteurs d'entreprendre, ni pour eux-mêmes ni pour d'autres, des exploitations industrielles telles que fabriques ou ateliers, non plus que de prendre un intérêt quelconque dans de semblables entreprises, où d'y être employés comme ouvrier, mécanicien, chef d'équipe, ingénieur, etc.

Art. 18. Les inspecteurs ne doivent accepter aucune sorte de gratification pour les actes de leurs fonctions, ni des patrons, ni des ouvriers, dont ils ne doivent jamais devenir les hôtes.

Art. 19. Les inspecteurs ne doivent, en dehors de leurs fonctions ordinaires, être chargés d'aucuns travaux qui y seraient étrangers, et particulièrement ne jamais être soumis à des instructions de l'administration financière. Ils n'ont point le droit de prendre connaissance des livres de commerce, bilans, correspondances, etc., des patrons.

trouver ce niveau chez les ingénieurs, architectes, hygiénistes et chez d'anciens industriels.

C'est là, en effet, que se trouvent réunies, de la manière la plus générale, les connaissances variées et approfondies que nous devons rechercher chez nos inspecteurs.

En ce qui concerne les arts mécaniques, ils devront être au courant de tout ce qui a été fait jusqu'alors pour éviter les accidents de machines, être à même de renseigner sur ce point les industriels, connaître les prix des appareils de sûreté et pouvoir en diriger l'installation.

Dans les arts chimiques, nos inspecteurs devront pouvoir résoudre toutes les questions qui ont trait aux intoxications par respiration de poussières dangereuses ou de gaz délétères; ils devront connaître les procédés à employer pour assainir l'atelier ou supprimer les causes d'insalubrité, les perfectionnements réalisés dans cette voie et les précautions à prendre pour éviter les accidents.

En ce qui concerne la construction, les mêmes notions pratiques, la même connaissance approfondie de la matière seront indispensables.

Là ne se borneront pas leurs études. Ils devront être au courant de la jurisprudence générale concernant les accidents de fabriques, des règlements sur le travail des femmes et des enfants employés dans les manufactures, de la législation des établissements dangereux, insalubres ou incommodes.

Ils réuniront les principaux règlements des usines et s'en inspireront pour propager ceux que l'expérience leur indiquera comme les meilleurs.

Enfin, ils devront être à même, dans les cas d'accidents, de formuler des prescriptions immédiates sur les mesures à prendre et les soins à donner en attendant l'arrivée du médecin.

Les questions d'hygiène générale des individus, des usines et des villes ne leur seront pas non plus étrangères, et ils connaîtront tout ce qui concerne les assurances contre les accidents et les incendies.

Ce programme est sans doute un peu vague, mais on y peut puiser des idées très justes, et notamment en ce qui touche à la spécialisation des inspecteurs. On ne saurait exiger, en effet, des connaissances encyclopédiques de ces fonctionnaires, et il est certain qu'il serait favorable à un service d'inspection bien fait, d'avoir à sa disposition des compétences multiples et diverses, qu'on pourrait associer pour une enquête sérieuse et dans les cas litigieux.

C'est dans cet ordre d'idées que la commission a examiné les conditions de recrutement du personnel de l'inspection. La diversité des compétences est assurée par la multiplicité des origines des candidats qui peuvent être des ingénieurs diplômés de l'État, des ingénieurs de l'École centrale, des conducteurs des ponts et chaussées, des gardes-mines, des élèves médaillés des écoles d'arts et métiers, des docteurs en médecine, des licenciés ès sciences physiques et chimiques, des élèves diplômés de l'École des hautes études commerciales, des pharmaciens de 1ʳᵉ classe. Tous ces candidats seraient d'ailleurs soumis à une épreuve d'admissibilité qui les obligerait à montrer des connaissances hygiéniques suffisantes, épreuve d'autant plus nécessaire que si l'enseignement de l'hygiène n'a pas encore dans les Facultés de médecine tout le développement qui serait nécessaire, cet enseignement n'existe pas dans les autres Écoles de l'État, ni à l'École polytechnique, ni à l'École centrale, ni à l'École des hautes études commerciales.

Il n'était pas possible de faire entrer dans un règlement les détails du programme sur lesquels devra porter l'examen d'admissibilité. On consultera avec intérêt, quand il s'agira de définir cette épreuve, le document que nous citions tout à l'heure, en l'empruntant à la Société parisienne contre les accidents des fabriques et ateliers.

On pourra s'inspirer aussi, dans la rédaction d'un programme, des questions qui sont posées en Angleterre aux candidats pour l'examen de médecine publique (*State medicine*) [1].

Il ne paraîtra pas exagéré de dire, qu'en tous cas, ce programme, portant à la fois sur les questions d'hygiène générale, d'hygiène professionnelle, de technologie, de législation, pourrait être ainsi caractérisé sommairement :

1° *Hygiène générale.* — Aération, ventilation, encombrement, chauffage, éclairage. — Analyse de l'air et des eaux, etc.

2° *Hygiène professionnelle.* — Maladies et accidents causés par le travail. — Intoxications professionnelles. — Déformations dues à l'attitude. — Analyse qualitative d'une substance soupçonnée de contenir du plomb, de l'arsenic, du mercure, etc.

3° *Technologie.* — Notions sur les divers appareils proposés ou employés pour l'assainissement du travail et pour la protection des mécanismes.

4° *Législation.* — Lois, décrets, ordonnances, circulaires, relatives à l'hygiène industrielle. — Devoirs et droits des inspecteurs, secret professionnel. — Rapports avec les préfectures, les parquets, les conseils d'hygiène, etc.

On peut affirmer qu'avec un tel programme, les ingénieurs, les médecins, les chimistes, les hygiénistes, qui aborderaient l'examen, seraient des fonctionnaires qui seraient capables non seulement de servir utilement la cause de l'hygiène et de veiller à

[1] Voir *Revue d'hygiène*, 1883, p. 1034 et 1884, p. 288.

l'application des lois, mais encore de fournir au Ministère du commerce, sur l'état de l'industrie nationale, des renseignements suffisamment précis et éminemment utiles.

III

Il n'est pas possible qu'en réglant par une loi les conditions de salubrité et de sécurité des ateliers, on fasse complète abstraction de l'âge et du sexe du personnel qu'on y emploie. Ce sont des facteurs importants du problème de l'assainissement du travail. Il y a plus, c'est que les questions d'hygiène qui touchent à la santé de l'enfant, de la jeune fille, de la femme, employés dans les ateliers, sont liées à l'avenir même de l'industrie et aux conditions les plus impérieuses de la prospérité et de la force nationale, puisqu'elles assurent le recrutement des travailleurs et qu'elles tendent à donner à la patrie de plus nombreux et de plus robustes citoyens pour l'enrichir, pour la défendre et la faire respecter.

Et qu'on ne croie pas que ce soient là des conceptions d'ordre purement sentimental; qu'on veuille bien se rappeler, au contraire, qu'en Allemagne, la première disposition législative protectrice du travail des enfants fut prise sur les instances d'un officier de recrutement qui avait signalé le faible contingent fourni par les districts manufacturiers où de nombreux enfants travaillaient aux fabriques. C'était, à bien prendre, une loi militaire. Sans y insister davantage, c'est un point qu'il faut savoir considérer.

Au courant de ce rapport, nous avons, eu à parler de la loi du 19 mai 1874, qui, chez nous, règle actuellement le travail des enfants et des filles mineures. Nous ne voulons en aucune manière empiéter sur les attributions de la Commission supérieure que cette loi a instituée et qui poursuit avec tant de zèle l'étude des modifications et des perfectionnements que l'expérience oblige d'y apporter. Mais il nous semble que quand il s'agit de dangers spéciaux qui résultent pour les travailleurs des considérations d'âge et de sexe, quand il s'agit aussi des faits de *prématuration* et de surmenage déterminés par un travail commencé trop jeune ou d'une excessive durée journalière, il est légitime de voir le Comité consultatif prétendre donner son avis dans ces questions de physiologie et d'hygiène; et nous estimons qu'il serait même désirable qu'un accord se fît entre ce Comité et la Commission supérieure du travail des enfants, préalablement à toute modification de la législation. Cette prétention ne vise d'autre but que celui de la protection la plus efficace et la plus sage du travailleur; c'est-à-dire qu'il ne saurait y avoir de conflit, et que l'accord est fait d'avance.

C'est, en tous cas, l'avis de la 3ᵉ commission que nous allons brièvement résumer ici sur les questions relatives à l'âge, au sexe et à la durée du travail.

Relativement à l'âge, la loi actuelle exige que les enfants aient 12 ans révolus pour pouvoir être occupés à un travail industriel, mais elle autorise cependant leur emploi à partir de 10 ans dans quatorze industries importantes et dont quelques-unes, comme la filature et la verrerie, présentent de réels dangers pour la santé. On ne peut s'empêcher de regretter, au nom de l'hygiène, qu'on ait, par une exception aussi large, soustrait tant d'enfants à la loi et diminué à leur détriment l'âge d'admission fixé à 12 ans et que les hygiénistes trouvent déjà trop bas dans tous les pays européens.

Peut-on objecter sérieusement l'intérêt de l'apprentissage? Ce serait un argument fait pour nous toucher; mais il est de nulle valeur si l'on considère les industries visées par la réglementation exceptive. Si, en effet, on a pu avec quelque apparence de raison invoquer un tel argument pour les verreries (et nous avons la certitude qu'on a beaucoup exagéré), est-il possible de faire croire que la filature, que le retordage du coton, que la corderie à la fenduc et le dévidage des cocons, soient des industries qui nécessitent un apprentissage commencé si jeune? Nous ne saurions l'admettre; il est très certain que la loi perd toute autorité dans cette extension irrationnelle d'exceptions injustifiées. D'ailleurs, il faut bien convenir que dans beaucoup d'industries, et dans beaucoup d'ateliers des grandes villes surtout, on fait de moins en moins des apprentis. Les causes de ce délaissement sont multiples; d'une part, les parents, souvent imprévoyants, n'envisagent que le résultat immédiat et préfèrent engager leurs enfants comme petits ouvriers dans les professions qui les recherchent et qui payent tout de suite les *petites mains;* d'autre part, l'élévation du prix des loyers et des denrées alimentaires empêche les petits patrons de se charger du logement et de la nourriture de l'enfant, comme ils faisaient autrefois. L'apprentissage se meurt en France, et c'est à juste raison qu'on attache tant de prix à la création et au développement d'écoles professionnelles destinées à le remplacer. Il en résulte aussi qu'on élèvera sans inconvénient l'âge où l'enfant peut être admis dans l'atelier.

C'est ce qu'a bien compris et exprimé M. le Ministre du commerce quand, dans la lettre qu'il adressait le 14 mars dernier à MM. les membres de la Commission supérieure du travail des enfants, il fait remarquer que cette tolérance, accordée à certaines industries, d'employer les enfants à partir de 10 ans a été l'objet de critiques unanimes et réitérées de la part des inspecteurs divisionnaires; et c'est justement qu'il ajoute: «Plus on retardera la «limite d'âge, plus on aidera au développement physique de l'en-«fant; plus il sera apte à supporter les fatigues de la vie labo-«rieuse qui l'attend, fatigues auxquelles il pourra moins résister «s'il a épuisé ses forces par un labeur prématuré.»

Toutefois il est nécessaire de fixer un âge. Les lois étrangères varient dans cette fixation. La loi projetée en Italie fixe 9 ans; les lois anglaise, danoise, espagnole, 10 ans; la loi autrichienne, la loi hollandaise, la loi suédoise, 12 ans; la Suisse exige 14 ans au moins. Mais presque toutes les lois, même celles qui fixent à dix ans l'admission au travail des ateliers, fixent en même temps à 5 ou 6 heures seulement la durée journalière de ce travail jusqu'à l'âge de 14 ans, et ne permettent qu'à ce moment l'emploi de l'enfant pendant la journée tout entière. Quatorze ans seraient en somme, dans notre pays et en tenant compte du développement moyen des enfants de notre race, un âge désirable pour l'admission au travail des ateliers. Faut-il pourtant aller jusque-là? Ne faudrait-il pas alors tenir compte du sexe de l'enfant et relever encore cet âge chez la jeune fille, comme nous aurons à le dire tout à l'heure? Faut-il au contraire, renonçant à atteindre dans le présent un idéal hygiénique, se préoccuper d'un accord possible entre les lois applicables à l'enfance, et chercher à concilier, par exemple, la loi du 28 mars 1882 avec la loi du 19 mai 1874? C'est de ce côté que nous inclinons. La loi du 28 mars 1882 a rendu l'instruction obligatoire jusqu'à 13 ans; c'est un âge admissible pour commencer le travail industriel dans tous les cas possibles, quand on aura surtout exigé l'assainissement de l'atelier et la sécurité pour le travailleur.

Nous pensons aussi qu'il est utile de maintenir pour les enfants, jusqu'à 16 ou 18 ans, l'interdiction du travail de nuit, et que cette interdiction doit s'appliquer non seulement aux filles mineures, mais aux femmes de tout âge.

Cela nous conduit à dire quelques mots de la femme, au point de vue de sa présence à l'atelier et de sa participation au travail industriel.

Parmi les dépositions faites à la commission parlementaire chargée de l'enquête sur la récente crise industrielle, se trouve un remarquable mémoire de M. le docteur Dubuisson, où cette question du travail des femmes est traitée dans les termes suivants :

« Tous ceux qui ont réfléchi sur la fonction de la femme conviennent que sa place est dans la famille, au foyer, auprès des enfants, et non à l'usine; son vrai rôle est celui de ménagère et d'éducatrice; elle est le centre moral de la famille. Dans tout ce qui la concerne, elle n'est jamais seule en cause, c'est toute la famille qui est en cause avec elle. Il n'y a donc rien que de juste à lui assurer le minimum des conditions qui lui sont nécessaires pour remplir les plus importantes de ses fonctions. Et dans ce but, notre premier souci doit être d'arracher peu à peu la femme à l'usine. Ce serait folie que de vouloir lui interdire tout de suite la porte des ateliers : les conditions économiques ne le supporteraient pas. Mais il est au moins une chose que nous pouvons et que nous devons obtenir : c'est *l'interdiction pour la femme de tout travail de nuit*. Les raisons de santé et de moralité qui militent en faveur d'une pareille réforme sont si graves et si évidentes qu'il est superflu de les indiquer. »

Il n'y a rien à ajouter à cette vue philosophique du rôle de la femme, et l'interdiction pour elle de tout travail de nuit est un desideratum que tous les hygiénistes voudraient voir comblé.

On pourrait même se demander, comme nous l'indiquions tout à l'heure, s'il ne conviendrait pas d'exiger pour la petite fille un âge d'admission au travail industriel plus élevé que pour le petit garçon. Il n'y a qu'une loi en Europe qui ait fait cette distinction, c'est la loi espagnole. Faudrait-il introduire une telle disposition dans la loi française ?

Sans doute si l'on considère que c'est une époque difficile que celle de la puberté pour les filles, et que le surmenage physique et l'excitation morale qui résultent du travail à l'atelier ne sont guère favorables à l'établissement normal et régulier de la fonction menstruelle, on est tenté de croire qu'il y aurait avantage à ne permettre aux enfants du sexe féminin l'entrée des ateliers et manufactures qu'après 15 ans.

Il résulte en effet des recherches de M. G. Lagneau, que les premières menstrues se manifestent chez les filles à 14 ans 1 mois 13 jours (chiffre moyen) dans les départements méditerranéens; à 14 ans 11 mois 13 jours dans le Centre, l'Ouest et le Nord-Ouest; à 15 ans 8 mois 28 jours dans le Nord et le Nord-Est.

Mais, si l'on accepte comme un mal nécessaire la coopération de la femme dans le travail industriel, il est difficile de régler assez minutieusement, pour que ce soit une mesure utile, la date de son entrée à l'atelier. Il faudrait, pour se montrer juste et logique, pousser les choses jusqu'aux limites du ridicule et, ajoutons-le, de l'inconvenance : tenir compte de la région qu'habite la jeune fille, peut-être même de dispositions individuelles, de différences de tempérament et de constitution qui échappent à toute réglementation. Et c'est pourquoi il est plus simple et convenant d'adopter, pour limite d'âge inférieure, 13 ans chez les filles comme chez les garçons, en attendant que l'avenir amène petit à petit cette réforme plus radicale et plus souhaitable au point de vue de l'hygiène physique et morale : de laisser la femme à la maison et de lui fermer la porte de l'atelier.

Ce que dès maintenant les hygiénistes pourraient désirer de voir ajouter à la législation relativement au travail des femmes, ce serait une disposition qui les éloignerait des fatigues et des dangers du travail dans le temps qui précède et dans le temps qui suit leurs couches. Quelque difficulté qu'on puisse rencontrer à appliquer une telle disposition réglementaire il ne faudrait pas, ce nous semble, hésiter à l'inscrire comme un principe utile. C'est la fonction sublime de la femme d'être mère; il faut donc protéger la maternité. Ajoutons que c'est une chose bien inconséquente que de protéger les enfants à l'école ou à l'atelier et que de risquer d'en laisser un si grand nombre mourir faute de soins aux premiers jours de la naissance.

On n'a pas hésité, en divers pays de l'étranger, à inscrire dans la loi cette protection de la maternité [1]. C'est un bon exemple à suivre.

Une question très discutée, c'est celle de la réglementation des

[1] ALLEMAGNE. — *Loi sur les métiers, art. 135.....* Il est défendu de faire travailler les femmes accouchées pendant les trois semaines qui suivent l'accouchement.

ITALIE. — Le projet de loi, qui date de 1880, sur le travail des enfants et des femmes dit à l'article 8, § 2 : «.... Elles ne peuvent être employées dans les fabriques et autres établissements industriels dans les deux semaines qui suivent l'accouchement.»

AUTRICHE. — *Loi sur le travail des enfants, 1869, art. 31.* Les ouvrières ne peuvent être employées dans les fabriques six semaines avant et après leurs couches.

SUISSE. — *Loi fédérale, 23 mars 1877, art. 15, § 2.....* Après et avant leurs couches, il est réservé un espace de temps de huit semaines en tout, pendant lequel les femmes ne peuvent être admises au travail dans les fabriques. Elles ne sont reçues de nouveau dans la fabrique qu'après qu'elles ont fourni la preuve qu'il s'est écoulé six semaines au moins depuis le moment de leurs couches.

heures de travail. Pour les enfants, pour les jeunes filles, pour les femmes, on tombe d'accord qu'il est utile et légitime à la fois de réglementer cette durée du travail journalier; les arguments qu'on invoque pour cela sont trop connus pour que nous songions à les reproduire. Mais quand il s'agit des hommes, l'accord cesse immédiatement.

Sans doute on peut dire qu'au point de vue de l'hygiène théorique, la diminution de la durée du travail serait une mesure désirable; et il paraîtrait logique, si l'on réformait sur ce point la législation actuelle, de baser la réglementation nouvelle sur dix heures par jour et six jours par semaine, comme le demande M. Waddington, ou à tout le moins sur onze heures, comme on a fait en Suisse [1].

Mais nous ne pouvons ignorer qu'on peut alléguer justement que si l'intervention de l'État entre le patron et l'ouvrier est justifiée en matière de salubrité et de sécurité, les questions de salaire ne sauraient être étroitement réglementées, et que ces questions sont inhérentes à celle de la durée du travail; on peut ajouter que quand l'État a protégé l'enfant jusqu'à sa virilité, quand il lui a assuré l'instruction, quand il a veillé sur ses premières années de travail à l'atelier, qu'il a pris soin que sa croissance ne soit pas entravée, que sa santé ne soit pas compromise par l'excès de fatigue, par les attitudes déformantes, par tous les dangers et par tous les poisons de l'industrie, il ne doit plus rien à l'homme fait que la liberté. On peut dire encore que l'association, quand l'ouvrier français aura appris à la pratiquer, sera le meilleur et le plus sûr remède à ce travail exagéré. Enfin, on peut se préoccuper de savoir si une telle réglementation est strictement applicable, si ce ne serait pas donner à la loi un caractère à la fois excessif, et tout à fait platonique.

C'est pourquoi nous n'insistons pas sur ces points délicats, ne voulant pas nous écarter de la ligne qui nous a été tracée. Il y au-

---

[1] SUISSE. — *Loi fédérale 23 mars 1877, art. 11.* La durée du travail régulier d'une journée ne doit pas excéder onze heures. Elle est réduite à dix heures la veille du dimanche et des jours fériés. Cette durée du travail doit être comprise entre 5 heures du matin et 8 heures du soir pendant les mois de juin, juillet et août; et entre 6 heures du matin et 8 heures du soir pendant le reste de l'année.

Lorsqu'il s'agit d'industries insalubres, ou bien lorsque les conditions d'exploitation ou les procédés employés sont de nature à rendre un travail de onze heures préjudiciable à la santé ou à la vie des ouvriers, la durée normale du travail quotidien sera réduite par le conseil fédéral, selon les besoins......

rait d'ailleurs tant à dire qu'il faudrait donner une extension trop grande à ce rapport très étendu [1].

Nous devions cependant faire état de ces questions; tenir compte de la faiblesse ou de l'infériorité qui dépendent du sexe et de l'âge; car ce sont des conditions qui rendent plus impérieusement nécessaire une réglementation assurant la salubrité et la sécurité du travail.

PROJET DE LOI SUR LA PROTECTION DU TRAVAIL INDUSTRIEL.

I. — DISPOSITIONS GÉNÉRALES.

ARTICLE PREMIER. Les établissements industriels, manufactures, fabriques, usines, mines, chantiers et ateliers de tous genres, autres que l'atelier de famille où aucun ouvrier étranger n'est employé, sont assujettis, sous le contrôle de l'Administration supérieure, à toutes les précautions nécessaires pour que le travail s'y effectue dans les meilleures conditions possibles de salubrité et de sécurité.

Ces établissements devront être constamment tenus dans un état satisfaisant de propreté, d'éclairage et d'aération.

Les machines, mécanismes, appareils de transmission, outils et engins de toutes sortes devront être installés et entretenus de manière à ne présenter aucun danger pour les travailleurs.

Des règlements d'administration publique détermineront : 1° dans les trois mois de la promulgation de la présente loi, les dispositions communes auxquelles doivent se conformer indistinctement les chefs d'établissements de toute nature; 2° au fur et à mesure des nécessités constatées, les prescriptions particulières relatives soit à certaines industries, soit à certains modes de travail.

ART. 2. Un corps spécial d'inspecteurs du travail industriel, placé sous l'autorité du Ministre du commerce, sera chargé de

---

[1] En regard d'un questionnaire envoyé par le Ministère du commerce aux inspecteurs du travail des enfants, les inspecteurs départementaux de la Seine ont accepté généralement la limite actuelle de douze heures de travail (8 ont indiqué douze heures, 3 ont répondu qu'ils accepteraient plutôt dix heures, 2 se sont prononcés pour onze heures). Ces divergences, d'ailleurs, sont seulement apparentes; ceux qui concluent à une durée de dix heures de travail de l'ouvrier acceptent une présence de douze heures à l'atelier en comprenant les repos.

veiller à l'application des règlements rendus en exécution de la présente loi.

Le premier règlement d'administration publique à intervenir, aux termes de l'article précédent, déterminera le **nombre**, le traitement, les attributions et le mode de recrutement de ces agents.

Art. 3. Le Comité consultatif d'hygiène publique de France établi au Ministère du commerce présidera, sous l'autorité du Ministre, avec le concours du Comité consultatif des arts et manufactures établi au même département, et dans des conditions qui seront déterminées par le même règlement d'administration publique, à l'uniformité de l'application de la présente loi et des règlements y relatifs.

II. — Pénalités.

Art. 4. Les chefs, directeurs, gérants ou patrons des établissements énoncés à l'article 1er, qui auront contrevenu aux dispositions des règlements d'administration publique, rendus en exécution de la présente loi, seront poursuivis correctionnellement et punis d'une amende de 16 à 50 francs.

L'amende sera appliquée autant de fois qu'il y aura de contraventions distinctes, même constatées au même procès-verbal, sans que le chiffre total puisse, pour une même constatation, dépasser 500 francs.

Art. 5. En cas de récidive, le minimum de l'amende sera de 50 francs et le maximum de 200 francs, sans que le chiffre total pour une même constatation puisse excéder 1,000 francs.

Il y a récidive lorsque le contrevenant a été frappé, dans les douze mois précédant la poursuite, d'une première condamnation pour infraction à la loi ou aux règlements y relatifs.

Le juge peut, dans ce cas, ordonner l'affichage et, s'il y a lieu, l'insertion du jugement dans un ou plusieurs journaux du département, le tout aux frais du contrevenant.

Art. 6. Seront punis d'une amende de 16 à 100 francs, et, en cas de récidive, de 200 à 1,000 francs, les chefs, directeurs, gérants ou patrons qui auront mis obstacle à l'accomplissement des devoirs d'un inspecteur ou de toute personne dûment déléguée pour une visite ou une constatation sur les lieux.

Art. 7. Les chefs d'industrie sont civilement responsables des condamnations prononcées contre leurs directeurs ou gérants.

Art. 8. L'article 463 du Code pénal est applicable aux condamnations prononcées en vertu de la présente loi.

III. — DISPOSITIONS TRANSITOIRES.

Art. 9. Dans le cours des trois premières années de l'application de la présente loi, des sursis pourront être accordés par le Ministre du commerce, le Comité consultatif d'hygiène publique de France entendu, aux industriels qui justifieraient de la nécessité de faire subir des modifications notables à leurs établissements actuels pour que la complète exécution de la loi y pût être assurée.

La durée de ces sursis, d'ailleurs renouvelables, ne pourra dépasser une année.

Le règlement d'administration publique à intervenir aux termes de l'article 1er déterminera les autres mesures transitoires qu'il pourrait être nécessaire d'admettre pour faciliter l'application de la loi.

PROJET DE RÈGLEMENT D'ADMINISTRATION PUBLIQUE À INTERVENIR EN EXÉCUTION DES ARTICLES 2 ET 3 DE LA LOI (PROJETÉE) SUR LA PROTECTION DU TRAVAIL INDUSTRIEL.

TITRE Ier. DE L'INSPECTION DU TRAVAIL INDUSTRIEL. — § Ier. COMPOSITION.

ARTICLE PREMIER. Il est créé, en exécution de l'article 2 de la loi du   , sur la protection du travail industriel,   circonscriptions d'inspection dont les limites et le chef-lieu sont fixés par le tableau annexé au présent règlement.

Les titulaires de ces emplois portent le titre d'inspecteurs du travail industriel. Ils sont nommés par le Ministre du commerce et résident au chef-lieu de leur circonscription.

Des inspecteurs adjoints, en nombre suffisant pour les besoins du service, peuvent être attachés à chaque circonscription. Le Ministre détermine leur résidence d'après ces besoins.

Art. 2. Les inspecteurs adjoints sont choisis exclusivement parmi les candidats français, jouissant de leurs droits, âgés de 25 ans au moins et de 35 ans au plus et déclarés admissibles à la suite d'épreuves dont les conditions seront fixées par arrêté du Ministre du commerce, et qui auront préalablement justifié d'un des titres suivants : ingénieurs diplômés de l'État, ingénieurs de l'École centrale des arts et manufactures, conducteurs des ponts et chaussées, gardes-mines, élèves médaillés des écoles d'arts et métiers, élèves diplômés de l'École des hautes études commerciales et de l'Institut agronomique, docteurs en médecine, licenciés ès sciences physiques, pharmaciens de 1re classe.

Art. 3. Les inspecteurs sont choisis exclusivement parmi les inspecteurs adjoints, ayant au moins trois ans de service dans cette fonction.

Par disposition transitoire, le premier recrutement du corps d'inspection aura lieu, même pour les inspecteurs, conformément à l'article précédent.

Art. 4. Lorsqu'il y a lieu à remplir un emploi d'inspecteur ou d'inspecteur adjoint, le Comité consultatif d'hygiène publique de France est appelé à en délibérer.

Il dresse, par emploi vacant, une liste de trois noms sur lesquels s'exerce le choix du Ministre.

Art. 5. Les inspecteurs du travail industriel sont répartis en trois classes :

Le traitement de la première classe est fixé à 10,000 francs par an;

Celui de la seconde classe, à 8,000 francs par an;

Celui de la troisième classe, à 6,000 francs par an.

Le traitement des inspecteurs adjoints est fixé à 4,000 francs par an, et lorsqu'un inspecteur adjoint sera, par suite de circonstances exceptionnelles, appelé à remplir, à titre permanent, les fonctions d'inspecteur, il jouira du traitement de la troisième classe.

Art. 6. Les inspecteurs adjoints nommés aux fonctions d'inspecteur prennent rang dans la dernière classe.

Les inspecteurs ne peuvent être promus à une classe supérieure qu'après trois ans au moins passés dans celle à laquelle ils appartiennent.

Art. 7. Les inspecteurs prêtent serment devant le président du tribunal civil et s'engagent à observer la plus sévère discrétion relativement aux procédés techniques spéciaux et aux autres particularités de fabrication qui peuvent être considérés comme la propriété de l'industriel.

Art. 8. Le Ministre fixe, par arrêté, le tarif des frais de déplacement qui peuvent être alloués, selon le cas, soit aux inspecteurs, soit aux adjoints.

§ 2. ATTRIBUTIONS.

ART. 9. Les inspecteurs, titulaires ou adjoints, ont entrée dans tous les établissemants sur lesquels la surveillance de l'administration s'exerce aux termes de la loi du

Ils y vérifient les conditions du travail et constatent, s'il y a lieu, par des procès-verbaux qui font foi jusqu'à preuve contraire, et ce, concurremment avec les officiers de police judiciaire de droit commun, et, pour les exploitations souterraines, concurremment avec les gardes-mines, les infractions à la loi du et aux règlements d'administration publique rendus pour son exécution.

Ils dressent lesdits procès-verbaux en double exemplaire, qu'ils adressent l'un au préfet du département, l'autre au parquet. Ils en font, en outre, rapport immédiat au Ministre.

Toutefois, lorsque l'inspecteur a des doutes sur les causes d'insalubrité ou d'insécurité qu'il constate dans un établissement soumis à son contrôle, il doit, avant de donner suite à son procès-verbal, provoquer l'avis du Conseil d'hygiène de la circonscription, lequel, sur l'invitation du préfet, déléguera tel ou tel expert, ou tel ou tel de ses membres, pour procéder sur les lieux à une vérification contradictoire, et pour l'avis dudit Conseil être annexé au procès-verbal.

Les pièces, dans ce cas, sont transmises au département du commerce, qui statue, au préalable, sur l'opportunité de la poursuite.

ART. 10. Les inspecteurs font rapport, tous les trois mois, au Ministre du commerce, des conditions d'application de la loi dans leurs circonscriptions respectives. Ces rappports sont, par les soins de la direction compétente, communiqués au Comité consultatif d'hygiène.

TITRE II. — DU CONTRÔLE SUPÉRIEUR DU COMITÉ CONSULTATIF D'HYGIÈNE.

ART. 11. Le Comité consultatif d'hygiène publique de France donne son avis :

1° Sur les règlements d'administration publique à intervenir pour la protection du travail industriel et sur les modifications à introduire dans les règlements en cours ;

4

2° Sur les instructions relatives à leur application;

3° Sur toutes les questions qui lui sont soumises par le Ministre du commerce relativement à la protection du travail industriel;

4° Sur les demandes de sursis et les réclamations de toute nature qui pourraient être formées devant le Ministre touchant les mesures à prendre par les intéressés dans leurs établissements industriels pour l'application de la loi du   et des règlements y relatifs;

5° Sur la création de circonscriptions nouvelles d'inspection; la modification des limites des circonscriptions existantes; la création ou la suppression d'emplois d'inspecteur adjoint; la fixation des résidences de ces agents;

6° Sur le choix des candidats aux emplois d'inspecteur et d'inspecteur adjoint, conformément aux dispositions de l'article 4 ci-dessus.

Les questions comprises dans les numéros 3 et 4 ne sont délibérées par le Comité consultatif d'hygiène publique de France qu'après que le Comité consultatif des arts et manufactures a été préalablement consulté.

ART. 12. Le Comité consultatif d'hygiène publique de France, chaque année, adresse au Ministre du commerce un rapport d'ensemble sur l'application de la loi.

Ce rapport est publié au *Journal officiel.*

ART. 13. Le Ministre du commerce est chargé, etc.

PROJET DE RÈGLEMENT D'ADMINISTRATION PUBLIQUE SUR LA PROTECTION DU TRAVAIL INDUSTRIEL.

(En exécution de l'article 1ᵉʳ de la loi projetée.)

ARTICLE PREMIER. Les prescriptions ci-après, destinées à assurer la salubrité et la sécurité du travail, seront observées à l'avenir, sous les peines portées par les articles 4 à 8 de la loi du   sur la protection du travail industriel dans tous les établissements industriels autres que ceux qui sont expressément affranchis du contrôle de l'Administration par l'article 1ᵉʳ de ladite loi.

TITRE Ier. — SALUBRITÉ.

ART. 2. Les emplacements affectés au travail, dans lesdits établissements, ainsi que toutes leurs dépendances, seront tenus dans un état constant de propreté. Le sol sera nettoyé à fond au moins une fois par jour à l'ouverture ou à la clôture du travail. Les murs et les plafonds seront l'objet de fréquents lavages; les enduits refaits toutes les fois qu'il sera nécessaire.

ART. 3. Dans les locaux où l'on travaille les matières organiques, le sol sera imperméable; les murs seront stuckés ou silicatés, ou recouverts d'une couche épaisse de peinture à base de zinc.

Le sol et les murs seront lavés aussi souvent qu'il sera nécessaire avec une solution désinfectante. En tout cas, un lessivage à fond aura lieu au moins deux fois par an.

Les résidus putrescibles ne devront jamais séjourner dans les locaux affectés au travail. Ils seront enlevés au fur et à mesure et immédiatement désinfectés.

ART. 4. L'atmosphère des ateliers et de tous autres locaux affectés au travail sera tenue constamment à l'abri de toute émanation provenant d'égouts, fossés, puisards, fosses d'aisances ou de toute autre source analogue.

Dans les établissements qui déversent les eaux résiduaires ou de lavage dans un égout public ou privé, toute communication entre l'égout et l'établissement sera nécessairement munie d'un intercepteur hydraulique fréquemment nettoyé et abondamment lavé au moins une fois par jour.

ART. 5. Les cabinets d'aisances seront abondamment pourvus d'eau, munis de cuvettes à fermeture hermétique avec inflexion siphoïde du tuyau de chute. Le sol, les parois seront en matériaux imperméables; les peintures seront à base de zinc.

Il y aura au moins un cabinet par 20 personnes.

Aucun puisard, puits absorbant, boitout, aucune disposition analogue ne pourra être établie qu'avec l'autorisation de l'Administration supérieure et dans les conditions qu'elle aura prescrites, sur l'avis du Comité consultatif d'hygiène publique de France.

ART. 6. Les locaux fermés, affectés au travail, ne seront jamais encombrés. Le cube d'air, par ouvrier, ne sera jamais inférieur à 8 mètres.

Les locaux seront convenablement aérés et éclairés par de larges baies vitrées.

Dans les cas où les conditions du travail nuisent à l'aération et où la matière offre des causes spéciales d'insalubrité, la ventilation artificielle sera faite de telle sorte qu'il entre, par homme et par heure, une quantité d'air neuf de 24 mètres cubes au minimum.

ART. 7. Les poussières et gaz incommodes ou insalubres, les gaz et poussières toxiques seront évacués directement au dehors au moment même de leur production, et ne seront jamais mêlés à l'air des ateliers.

Pour les buées, vapeurs, gaz, poussières légères, il sera installé des hottes avec cheminées d'appel.

Pour les poussières déterminées par les meules, les batteurs, les broyeurs, et tous autres appareils mécaniques, il sera installé, autour des appareils, des tambours en communication avec une ventilation aspirante énergique.

Pour les gaz lourds, tels que vapeurs mercurielles, sulfure de carbone, la ventilation aura lieu *per descensum,* et chaque table de travail sera mise en communication directe avec le ventilateur.

Les vapeurs, les gaz, les poussières ne seront jamais déversés dans l'atmosphère; les gaz ou vapeurs seront condensés ou brûlés; les poussières seront dirigées sous les foyers ou recueillies dans des chambres à poussières.

La pulvérisation des matières irritantes ou toxiques et autres opérations telles que le tamisage, l'embarillage de ces matières, se fera automatiquement dans des appareils clos toutes les fois que cela sera possible.

ART. 8. Pendant les interruptions de travail pour les repas, les ateliers seront évacués et l'air en sera entièrement renouvelé.

ART. 9. Les ouvriers ne devront point prendre leurs repas dans les ateliers ni dans aucun local affecté au travail.

Les patrons mettront à la disposition de leur personnel les moyens d'assurer la propreté individuelle : vestiaire avec lavabos, et de l'eau de bonne qualité pour la boisson.

TITRE II. — Sécurité.

ART. 10. Tout mécanisme, machine, engin quelconque sera disposé de manière à ne présenter aucun danger.

Les moteurs à vapeur, à gaz, les moteurs électriques, les roues hydrauliques, les turbines seront installés dans des locaux séparés, fermés du côté où le travail s'effectue, et seulement accessibles aux ouvriers spéciaux affectés à leur surveillance, lesquels doivent être exclusivement choisis parmi les ouvriers adultes mâles.

Quand il s'agira de petits moteurs usuels à vapeur ou à gaz actuellement classés dans la deuxième et la troisième catégorie, l'autorisation pourra être donnée, moyennant prescription de précautions spéciales, d'installer le moteur dans l'atelier même; mais il sera dans ce cas entouré d'une barrière qui n'en permettra l'approche qu'aux ouvriers chargés de sa surveillance.

Les machines, mécanismes, outils, mus par ces moteurs, seront espacés entre eux d'au moins 60 centimètres. Le sol des intervalles sera nivelé; les escaliers seront solides et munis de fortes rampes.

Les machines, mécanismes, outils, seront, à moins d'autorisation contraire de l'Administration supérieure, entourés de barrières qui en empêcheront l'approche.

Les puits, trappes, cuves, bassins, réservoirs de liquides corrosifs ou chauds, seront pourvus de barrières ou de garde-corps.

Les échafaudages seront munis de garde-corps, de 90 centimètres de haut, sur toutes leurs faces.

ART. 11. Les monte-charges, ascenseurs, élévateurs, seront guidés et disposés de manière que la voie de la cage du monte-charge et des contrepoids soit fermée; que la fermeture du puits à l'entrée des galeries s'effectue automatiquement; que rien ne puisse tomber de la cage du monte-charges dans les galeries ni dans les puits.

Pour les monte-charges destinés à transporter des hommes, la charge devra être calculée au tiers de la charge admise pour le transport des marchandises, et les monte-charges seront pourvus de freins, chapeaux, parachutes ou autres appareils préservateurs.

ART. 12. Toutes les parties dangereuses et pièces saillantes des machines seront munies d'organes protecteurs, tels que gaines et chéneaux de bois ou de fer, tambours pour les courroies et les bielles, ou de couvre-engrenages, garde-mains, grillages, etc.

Les machines, outils à instruments tranchants, tournant à grande vitesse, telles que machines à scier, à fraiser, à raboter, découper, hacher; les cisailles, coupe-chiffons et autres engins semblables, seront disposés de telle sorte que les ouvriers ne puissent, du lieu où ils sont occupés, toucher involontairement les instruments tranchants.

On devra prendre les dispositions et régler les arrangements intérieurs de telle sorte qu'aucun ouvrier ne soit habituellement occupé à un travail quelconque dans le plan vertical ou aux abords immédiats d'un volant ou de tout autre engin pesant et tournant à grande vitesse.

Des grillages mobiles les préserveront de tout danger d'être atteints par les débris ou les éclats de la matière mise en œuvre.

Art. 13. La mise en train ou l'arrêt des machines doivent toujours être précédés d'un signal convenu.

Art. 14. Les conducteurs de machines, les contremaîtres ou chefs d'ateliers auront toujours, à portée de leur main, l'appareil destiné à arrêter la force motrice et les transmissions.

Le maniement des courroies sera toujours fait par le moyen de systèmes, tels que monte-courroies, porte-courroies, évitant l'emploi direct de la main.

Art. 15. Il est interdit de laisser les ouvriers procéder au graissage, à la visite, au nettoyage ou aux réparations de machines ou mécanismes en marche.

Si, les mécanismes étant arrêtés, la transmission marche encore, il ne sera procédé à ces opérations qu'après que le débrayage et le volant auront été convenablement calés.

Art. 16. En cas d'accident, le chef de l'établissement est tenu d'aviser immédiatement l'autorité chargée de la police locale ainsi que le service d'inspection du travail industriel. En cas d'accident par l'explosion d'une chaudière à vapeur, il doit en même temps prévenir le service des mines compétent.

Art. 17. Le présent règlement sera, à la diligence de l'Administration supérieure, affiché dans toutes les communes à la porte de la mairie.

TITRE III. — Dispositions transitoires.

Art. 18. Durant les trois mois qui suivront cette publication, tout intéressé aura le droit de provoquer, auprès du Ministre du commerce, une visite de son établissement par le service d'inspection du travail industriel, et de se faire indiquer par ce service les dispositions qui seraient considérées comme ne remplissant pas les conditions de salubrité et de sécurité exigées par le règlement.

Le service d'inspection recevra les observations des industriels et les transmettra avec ses propres avis à l'Administration centrale, qui statuera, le Comité consultatif d'hygiène publique de France entendu.

Notification sera faite de cette décision aux intéressés par l'inspecteur du travail industriel de la région. Jusqu'à cette notification, aucun procès-verbal ne pourra être dressé sur les points réservés qui auraient été soumis à l'appréciation de l'Administration.

Si l'application des prescriptions du règlement nécessite une modification notable des dispositions de l'établissement, il sera accordé un premier sursis d'office calculé, dans les limites de la loi, d'après l'importance des modifications jugées nécessaires.

Passé le délai fixé par ce sursis, s'il n'est point renouvelé à la demande de l'intéressé, le présent règlement recevra sa pleine et entière exécution.

ART. 19. Le Ministre du commerce est chargé, etc.

Les conclusions du rapport et les projets de loi et de règlements ci-dessus ont été approuvés par le Comité dans sa séance du 1er décembre 1884.

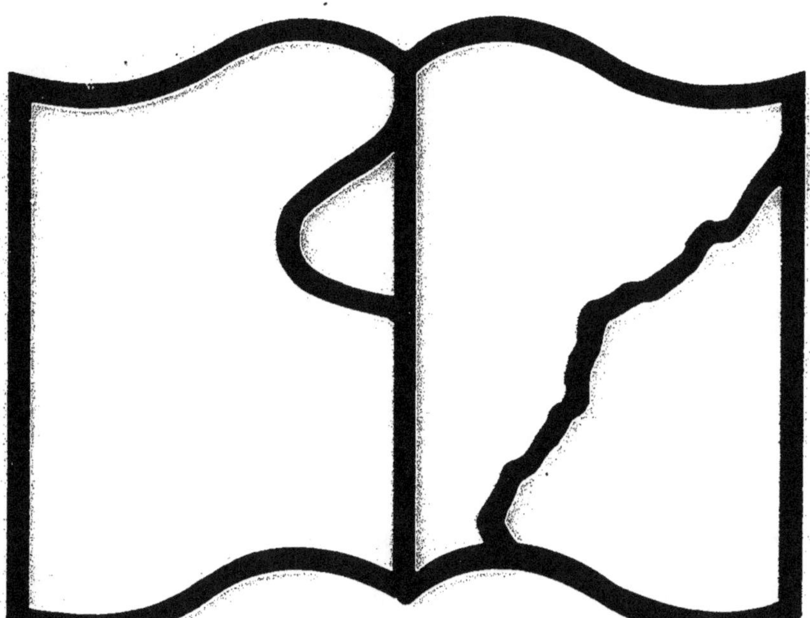

Texte détérioré — reliure défectueuse

NF Z 43-120-11